Leipzig. Den Wandel zeigen.

Leipzig. Den Wandel zeigen.

Zur Entwicklung des Stadtbildes von 1990 bis 2000

Text: Niels Gormsen

mit einem Geleitwort von Hinrich Lehmann-Grube

und Beiträgen von Klaus Eberhard, Ines Gillner,

Silke Heit, Peter Lang, Jens Müller, Heike Scheller

Fotografien: Armin Kühne u.a.

Edition Leipzig

Impressum

Die Deutsche Bibliothek – CIP Einheitsaufnahme
Ein Titeldatensatz für diese Publikation ist
bei Der Deutschen Bibliothek erhältlich
ISBN 3-361-00509-4

4. Auflage 2001

Umschlag und Layout:	Sabine Golde + Julie August, Leipzig
Reproduktionen:	Medien Profis GmbH
Druck und Bindung:	Offizin Andersen Nexö, Leipzig

Printed in Germany
Gedruckt auf Profistar; exclusiv bei IGEPA

Gedruckt auf alterungsbeständigem Papier mit chlorfrei gebleichtem Zellstoff.
Die Schreibweise folgt den Regeln der neuen Rechtschreibung.

Bildnachweis

ASW, Stadt Leipzig (Gisela Sommer): S. 87, 97, 98
Argenta-Unternehmensgruppe, München: S. 34
Binsack, Gunter, Leipzig: S. 60, 119
Bresack, Uwe, Leipzig: S. 132
Büro für Baupflege beim Bezirkskirchenamt Leipzig: S. 141
Frauendorf, Uwe: S. 22
Galerie Hotel Leipziger Hof: S. 126
Handwerkskammer: S. 26 oben
Hanisch, Manfred, Mettmann-Metzkausen: S. 27 unten
Hoppe, Lothar, Leipzig: S. 28 oben
Hotel Adagio: S. 124
Kaiser, Erhard, Leipzig: S. 154, 155
Krüger, Peter, München: S. 67
Kuchenbauer, Stefan, Donauwörth: S. 125
Lehmann, Fotodesign: S. 100 oben, 104 oben
LWB: S. 102 oben, 103 oben
Morgenstern, Heinz, Leipzig: S. 65 links
Punctum Fotografie, Leipzig: S. 118, Hans-Christian Schink S. 23, 91 oben, Andreas Franke S. 91 unten, Bertram Kober S. 46
Reinshagen, Uta, Leipzig: S. 137 links, 157
Sommer, Gisela: S. 48
Stadthochbauamt Leipzig: S. 139
Stadtplanungsamt: S. 40, 66, 70, Christa Fehrmann: S. 27 oben, 28 unten, 33, 39, 41, 42, 59, 61, 64, 66 unten links, 71, 76 links, 82, 96, 105, 107, 116 oben, 136, 148, 149, H. Wellner: S. 31
Studio 80/Pressedienst: S. 26

Alle nicht aufgeführten Abbildungen stammen von Armin Kühne, Leipzig.

Inhalt

Hinrich Lehmann-Grube: Zum Geleit 6
Einleitung 7
Zu den Fotos 8
»Ist Leipzig noch zu retten?« 9
Die DDR-Wohnungspolitik 10
Wie war Leipzig zu retten? 10
Den Wandel zeigen 10
Stadtbauentwicklung von 1870 bis 1990 – ein historischer Exkurs 12
Weiterer Verfall – das letzte Drittel 14
Gründerzeit und Jugendstil – Kitsch oder Baukunst? 15
Der plötzliche Bauboom – niemand war vorbereitet 17
Wer waren die Akteure? 17
Wer profitierte vom Bauboom? 18
Der neue Wohnungsmarkt 19
Neues Bauen auf »Grüner Wiese« – die große Landzersiedelung 19
Neue Gewerbeflächen – alte Industriegebiete 21
Der industrielle Strukturbruch 21
Das Graphische Viertel – Medienstadt? 25
Die Entwicklung im Einzelhandel 30
Das Zentrenstrukturkonzept der Stadt Leipzig 33
Die Entwicklung der Innenstadt 35
Der Städtebauliche Rahmenplan 35
Ein Rundgang durch die Innenstadt 37
Exkurs: Peter Lang: Gedanken eines Projektentwicklers zum Wandel in Leipzig 47
Wohngebiete im Wandel 87
Ines Gillner: Ein Bauherr berichtet – die Leipziger Wohnungs- und Baugesellschaft 99
Heike Scheller: Bauherrenberatung als wichtiges Instrument des Städtebaus 105
Jens Müller: Denkmalschutz und Denkmalpflege in den Wendejahren (1990–2000) 111
Bürogebäude und Banken 115
Hotels 123
Silke Heit: Hotel Adagio 124
Klaus Eberhard: Galerie Hotel Leipziger Hof: »Hier schlafen Sie mit einem Original« 126
Die neue Leipziger Kneipenszene 129
Pleiße, Weiße Elster und Karl-Heine-Kanal 133
Öffentliche Bauten 138
Kasernen ohne Militär 147
Wohin mit den vielen Autos? Parkhäuser, Tiefgaragen, Tankstellen 148
Eisenbahn – Airport – Nordschiene – Südraum 151
Fördermöglichkeiten und Hemmnisse für das Bauen in den neuen Bundesländern 156
Unklare Eigentumsverhältnisse als Investitionshemmnis 157
Staatliche Investitionen in Infrastruktur, Bildung, Kultur und Gesundheitswesen 158
Zu guter Letzt 158
Zu den Autoren 160
Zum Fotografen 160

Zum Geleit

Diesem Buch wünsche ich viele Leser und Betrachter. Es dokumentiert in eindrucksvoller und sachverständiger Weise eine Epoche der Stadt Leipzig, deren prägende Bedeutung wahrscheinlich erst in späteren Zeiten recht gewürdigt werden kann.

Nur zehn Jahre sind vergangen, seitdem mutige Leipziger Bürgerinnen und Bürger und mit ihnen hunderttausende Bürger der DDR der langen Periode wirtschaftlichen und baulichen Verfalls ein Ende setzten und damit die Voraussetzung schufen für Neubeginn, Heilung und Aufbau. Alle, die in Leipzig dabei waren, wissen, wie anstrengend und manchmal qualvoll diese zehn Jahre gewesen sind. Viele Hoffnungen wurden enttäuscht, viele Menschen materiell und geistig entwurzelt. Es war ein schmerzhafter Heilungsprozess, der vor zehn Jahren eingeleitet wurde und der noch fortdauert. Dennoch: Heilungsprozess! Das zeigen Niels Gormsen und seine Mitautoren in überzeugenden Bildern. Die Schmerzen der Veränderung haben sich gelohnt.

Dies Buch ist dem Wandel gewidmet, wie er durch Bauten gezeigt werden kann. Ich wünsche mir, die Leser und Betrachter der baulichen Veränderungen würden sich auch den Wandel bewusst machen, der gleichzeitig in den Menschen stattgefunden hat. Sie halten sich anders, denken und sprechen anders als vor zehn Jahren. Sie haben Selbstvertrauen und Zuversicht zurückgewonnen. Nur wer Bauten und Menschen im Zusammenhang sieht, wird verstehen, warum Leipzig wieder eine so vitale und lebenswerte Stadt geworden ist.

Hinrich Lehmann-Grube

Oberbürgermeister der Stadt Leipzig
von 1990 bis 1998

Einleitung

Leipzig. Den Wandel zeigen. Das ist das Motto, unter dem sich die Stadt Leipzig mit vier Teilprojekten an der Weltausstellung Hannover, der EXPO2000, beteiligt: Sie dokumentieren

- den politischen Wandel am Beispiel der Nikolaikirche, dem Ausgangsort der Montagsgebete und der Demonstrationen im Herbst 1989, die letztlich zum Zusammenbruch der DDR führten;
- den ökonomischen Wandel am Beispiel des Stadtteils Plagwitz und seines nachhaltigen Stadtumbaus;
- den ökologischen Wandel am Beispiel des Cospudener Sees, der aus einer Braunkohlengrube entstanden ist;
- den technologischen Wandel am Beispiel des Zentrums für Bucherhaltung als einer bedeutenden Neuentwicklung.

Das vorliegende Buch will unter dem Motto des Leipziger EXPO-Beitrages den Wandel zeigen, der sich im baulichen Erscheinungsbild der Stadt seit 1989 vollzog und aus dem grauen heruntergekommenen Häusermeer wieder eine helle freundliche Stadt gemacht hat.

Um diesen Wandlungsprozess in Erinnerung zu rufen, werden Gebäude, Straßen und Plätze der Vorwendezeit mit der heutigen Situation verglichen. Die Bilder stammen zum größten Teil aus dem reichhaltigen Archiv von Armin Kühne, der als Pressefotograf seit 1971 in dieser Stadt tätig ist und ihren äußeren Zustand in den verschiedenen Phasen dokumentarisch festgehalten hat. Fotografien aus dem Stadtplanungsamt, von der LWB und von anderen Fotografen vervollständigen die Auswahl.

Wenn möglich, wurde dem Bild des unsanierten Zustandes aus der Zeit um 1990 eine Darstellung aus gleichem Blickwinkel nach der Renovierung oder dem Wiederaufbau gegenübergestellt. An vieles kann man sich kaum mehr erinnern: dass etwa an der Ecke Petersstraße/Preußergässchen, wo heute der Neubau von Peek & Cloppenburg steht, jahrzehntelang eine große Baulücke war, die zum Schluss als Frischmarkt genutzt wurde; dass die Innenhöfe von Barthels Hof und Webers Hof in den letzten Jahren vor der Wende wegen Baufälligkeit der Häuser nicht mehr betreten werden durften; dass das Städtische Kaufhaus jahrzehntelang nur zur Hälfte wieder aufgebaut und der unfertige Teil durch Papptafeln verkleidet war und dass die Alte Nikolaischule nur noch eine schwarze Ruine gewesen ist, deren rückwärtiger Teil mit dem Treppenhaus in sich zusammengebrochen war. Wer weiß noch, dass in der Petersstraße vor dem völlig heruntergekommenen »Grönländer« lange Zeit ein riesiges Gerüst stand, das die Passanten vor herabstürzenden Bauteilen schützen sollte? Das Buch möchte durch die vergleichenden Bildbeispiele diesen erstaunlichen Wandlungsprozess dokumentieren, der innerhalb der relativ kurzen Zeit von zehn Jahren in der Stadt vor sich gegangen ist.

Die getroffene Auswahl von etwa 80 Objekten soll Veränderungen dokumentieren, die seit 1990 in Leipzig stattgefunden haben, und den Wandlungsprozess nachvollziehbar machen, der hier abgelaufen ist. Wir können wegen der Beschränkung nur einen winzigen Ausschnitt aus dem gewaltigen Bauvolumen zeigen, das in diesen zehn Jahren in Leipzig abgewickelt wurde. Bei der Bildauswahl haben wir nicht zuerst auf die fotografische Qualität geachtet, sondern nach typischen Beispielen für den Veränderungsprozess gesucht.

Dennoch wird die Auswahl manchem Leser nicht objektiv erscheinen: Sicher hätten wir ganz andere Beispiele auswählen können, und vieles andere wäre eine Darstellung wert gewesen! Wir haben bewusst nicht nur prominente Beispiele aufgenommen, denn wir wollen zeigen, dass nicht nur einige wenige Gebäude saniert wurden, sondern dass die ganze Stadt von diesem Strom der Erneuerung erfasst wurde: große und kleine, reiche und arme, aufwendige und bescheidene, öffentliche und private Anwesen.

Die Bilanz beantwortet die Frage des Titels der Fernsehsendung von 1989 positiv; Leipzig war zu retten!

Dass aber noch viel zu tun bleibt, läßt sich an einigen Bildbeispielen ablesen. Wir Leipziger stellen fest, wie schön unsere Stadt *schon* ist – Besucher (vor allem aus Westdeutschland) bemerken häufig, wie schlimm sie *noch* aussieht. Beiden kann das Buch helfen, den Fortschritt zu erkennen, der erreicht wurde, aber auch auf den Nachholbedarf hinzuweisen, der noch immer besteht.

Die bildliche Dokumentation des Wandels wird ergänzt durch schriftliche Erfahrungsberichte von Akteuren am Planungs- und Baugeschehen: Silke Heit und Klaus Eberhard beschreiben die Erlebnisse und Erfahrungen aus der Sicht des privaten Einzelbauherrn, Peter Lang aus der eines Projektentwicklers und Bauträgers. Ines Gillner berichtet über die Rolle der Leipziger Wohnungs- und Baugesellschaft (LWB) bei der Sanierung des riesigen kommunalen Wohnungsbestandes und über Höhen und Tiefen der Umstrukturierung der Gesellschaft aus einem volkseigenen Betrieb in ein privatwirtschaftlich organisiertes Unternehmen. Heike Scheller und Jens Müller haben im Stadtplanungsamt bzw. bei der Denkmalpflege auf der Seite der Stadtverwaltung an dem Erneuerungsprozess beratend mitgewirkt. Ich selbst habe versucht, die politischen, rechtlichen, wirtschaftlichen und sozialen Hintergründe, Zusammenhänge und Prozesse zu beleuchten. Das konnte nur skizzenhaft gelingen und erhebt keinen Anspruch auf Vollständigkeit: Es ist die Sicht eines aktiv am Prozess Beteiligten!

Ich danke den am Buch beteiligten Autoren und Fotografen, vor allem auch Dr. Hinrich Lehmann-Grube, der als Oberbürgermeister das Geschehen in der Stadt Leipzig in den vergangenen zehn Jahren maßgeblich geprägt hat, für sein Geleitwort. Dank gilt auch Karla Tornau, Josef Fischer, Gerd Johne, Werner Meyer, Klaus Ober, Hans-Gerd Schirmer, Michael Schimansky und Ingolf Weitzmann für wichtige Daten und Informationen.

Niels Gormsen

Zu den Fotos

Überwiegend sind es die Motive meiner Heimatstadt, die ich mit der Kamera festgehalten habe. Der immer deutlicher werdende Verfall der Bausubstanz (trotz der Parolen »Alles zum Wohl des Volkes« und »Dächer-dicht-Programm« der SED) lenkte den Blick auf marode Häuser, um durch Publizierung (die nicht erfolgte) Einhalt zu gebieten bzw. Veränderungen herbeizuführen. Das Geschehen in der Stadt Leipzig auf vielfältigen Gebieten wurde von mir mit der Kamera begleitet. Mit der Wende 1989 veränderte sich vieles in der Stadt, und ich habe versucht, auch hier das vielschichtige Geschehen im Bild festzuhalten. Besonders beeindruckte mich die Veränderung im Baugeschehen: wie aus den verfallenen Häusern wieder bewohnbare, benutzbare und ansehnliche Häuser entstanden; wie aus der maroden Substanz wieder leuchtende Häuser zum Vorschein kamen, wie architektonische Details (z. B. Türme, Türmchen usw.) nach alten Bauunterlagen wieder an den Häusern zu sehen waren. Daraus entstand die Grundkonzeption »Den Wandel zeigen« anhand der Zustandsfotos bis zur Wende (und einiger Jahre danach) und der heute erlebbaren, schon als normal anzusehenden »vertrauten Sicht«. Arbeiten der Sanierung an Kirchen – insbesondere der Turmbekrönungen –, dem Alten Rathaus, der Glockenmänner auf dem Krochhochhaus habe ich mit dem Kupferschmiedemeister Immanuel Hochkeppeler fotografisch begleitet. Verschiedene Aktivitäten der Erhaltung von Gebäuden und auch das Neubau-(Plattenbau-)Programm habe ich im Bild festgehalten. Einen Teil der Fotos kann man im Buch sehen, einen weiteren Teil in der geplanten Fotoausstellung in der Galerie Leipziger Hof. Die Fotos entstanden nicht in chronologischer Abfolge einzelner Häuser/Bauvorhaben, sondern als Aufträge der Tageszeitungen zu lokalen Ereignissen und natürlich durch den optischen Eindruck, den einzelne Vorhaben und Objekte auf mich gemacht haben. Fotos aus meiner ganz persönlichen Sicht auf die Stadt Leipzig aus über drei Jahrzehnten.

Armin Kühne

Paul-Gruner-Straße 68, Ecke Lampestraße. Zustand 1990

»Ist Leipzig noch zu retten?«

Das war der Titel einer viel beachteten Sendung des Fernsehens der DDR im Dezember 1989, in der Ruth Geist-Reithmeier und ihre Kollegin erstmals öffentlich die Frage stellten, ob der Verfall der Bausubstanz noch aufzuhalten sei. Die Reportage zeigte am Beispiel der Stadt Leipzig in erschreckender Weise, wie die Altbauten, die den Krieg überstanden hatten, in der DDR-Zeit zunehmend verfielen und langsam zu Ruinen wurden. Jahrzehntelang – genau genommen seit Kriegsbeginn 1939, also 50 Jahre lang – waren die meisten Häuser nicht mehr ordentlich unterhalten worden, weil es weder im 2. Weltkrieg noch in der Nachkriegszeit unter DDR-Verhältnissen genügend Baumaterial, Arbeitskräfte und Geld gab. Die Dächer wurden undicht, die Dachrinnen lösten sich auf, der Regen konnte in die Gebäude eindringen. (Und das trotz des »Dächer-dicht-Programms« von 1987, das aber wohl nur auf dem Papier stand!) So wurden viele Häuser nach und nach unbewohnbar – meist von oben nach unten: Waren die Dächer undicht und halfen die aufgestellten Wannen nichts mehr, durchfeuchteten die Holzdecken, nistete sich der Hausschwamm ein, das Wasser drang in die darunter liegenden Wohnungen, bis auch hier die Bewohner ausziehen mussten. »Ruinen schaffen ohne Waffen«, sagte man in sarkastischer Abwandlung der Parole der Gegner der Wiederaufrüstung »Frieden schaffen ohne Waffen«.

Damals sollen 25 000 Wohnungen leer gestanden haben, weil sie nicht mehr bewohnbar waren. Auch das Äußere der Häuser verkam: Die Wandflächen wurden grau und schwarz durch die starke Luftverschmutzung infolge der noch sehr weit verbreiteten Heizung mit Braunkohleneinzelöfen, aber auch der Braunkohlen- und Petrochemie, deren Abgase kaum gefiltert wurden. Fassadenfarben waren schwer zu bekommen. Der an vielen Häusern der Gründerzeit meist reiche plastische Schmuck aus Naturstein und Stuck bröckelte von den Wänden; aus den Dächern wuchsen Büsche und Bäume; in den Dachböden nisteten die Taubenzecken; die Fensterrahmen waren verfault. Deshalb sah Leipzig, wie fast alle DDR-Städte im Jahr 1990, grau und ungepflegt aus. Der Verfall ging schneller voran als die Produktion neuer Wohnungen, obwohl mit der hoch rationalisierten Plattenbauweise jährlich 4 000 bis 6 000 Wohnungen allein in Leipzig neu errichtet wurden, nicht nur in Grünau und Neu-Paunsdorf, sondern auch in den Rekonstruktionsgebieten innerhalb der Stadt – in der Weststadt (Kolonnadenstraße), im Seeburgviertel, in Volkmarsdorf und Thonberg. Connewitz sollte als Nächstes in DDR-Manier durch flächenhaften Abriss und Neubau im System WBS 70 saniert werden. Doch gerade an Connewitz mit seiner teils noch dörflichen Struktur entzündete sich der Widerstand der Architekten, Denkmal-

pfleger und vieler anderer Bürger. Das wurde auf der »1.Volksbaukonferenz« am 6./7. Januar 1990 deutlich, an der über tausend Menschen teilnahmen und ihre Forderungen an eine neue Baupolitik formulierten.
Tatsächlich wurde die bisherige Baupolitik der Stadt von diesem Zeitpunkt an infrage gestellt, obwohl es noch Monate dauerte, bevor die gut organisierte »Maschinerie« des »Baufreiheit-Schaffens«, wie man das damals nannte, zum Stehen gebracht und keine Häuser mehr »leer gezogen«, unbewohnbar gemacht und für den Abriss vorbereitet wurden. Der ging oft so vor sich, dass im Erdgeschoss Löcher in die Außenwand gebohrt wurden, durch die man dicke Stahltrossen zog, an denen starke Traktoren die meist mehrgeschossigen Häuser buchstäblich einrissen.

Die DDR-Wohnungsbaupolitik

Nach der SED-Ideologie, die alte sozialistische Ziele im Auge hatte, sollten die Menschen nicht mehr in den engen alten Gründerzeitquartieren aus der kapitalistischen Zeit leben – für sie wurden neue moderne Wohngebiete erschlossen. »Sozialistische Städte« sollten es werden. Mit dem Bausystem WBS 70, der technischen Grundlage der Plattenbauweise, wurde die ganze DDR überzogen. Es entstanden überall neue Wohnblocks, Stadtteile und ganze Städte. In Leipzig begann das in Lößnig und Mockau, dann folgte Neu-Schönefeld und konzentrierte sich schließlich auf Grünau mit Wohnungen für 80 000 und Neu-Paunsdorf, geplant für 20 000 Menschen.
Die Baupolitik der DDR wollte durch die hohe Produktivität im Neubau den Verfall der Altbausubstanz überholen, was aber nicht gelang! Die Hauptursache war wohl, dass nach der Ideologie der SED Wohnungen billig sein mussten, was natürlich im Interesse der Bevölkerung lag. Wenn man aber nur 75 Pfennig oder eine Mark für den Quadratmeter Miete einnimmt und die Nebenkosten nicht berechnet, können weder die Neubauten ordentlich finanziert werden, geschweige

Rosentalgasse 1: Stadtvilla von 1870/71; Architekt: Julius Steib, Zustand 1994

Zustand 1999; Bauherr: Süddeutsche Bodencreditbank; Ausführung von Bilfinger + Berger; Architekt: M. Köhler

denn die notwendige Unterhaltung und Instandsetzung der Altbausubstanz. Diese betriebswirtschaftliche Gesetzmäßigkeit konnte auch der »Sozialismus« nicht außer Kraft setzen! Die Folge dieser Politik war der Verfall der Gebäude in der ganzen DDR. Denn auch das Interesse der Eigentümer am Erhalt der Gebäude (noch immer befanden sich mehr als 60 Prozent der Gründerzeithäuser in Privathand) wurde im Keim erstickt durch den planwirtschaftlichen Mangel an Baustoffen und Arbeitskräften und die staatlich festgesetzten niedrigen Mieten, die keinerlei Rendite erwarten ließen. Die Auswirkungen dieses Verfallsprozesses zeigte der Fernsehfilm – seine Frage war berechtigt: »Ist Leipzig noch zu retten?«

Wie war Leipzig zu retten?

Auf diese Frage gab es 1989 noch keine befriedigenden Antworten, denn unter den befragten Personen waren nur wenige, die sich vorstellen konnten, wie das Problem des Stadtzerfalls unter marktwirtschaftlichen Voraussetzungen zu lösen sei. Die damaligen Äußerungen fußten auf den Kenntnissen der DDR-Wirtschaftsverhältnisse. Man forderte etwa, dass die Bauarbeiter nicht mehr nach Berlin abgeordnet werden und Geld und Material nicht ausschließlich dem Plattenneubau zugute kommen sollten.
In einem zweiten Film, der ein Jahr später von den gleichen Autorinnen gedreht wurde, stellten sich die Dinge schon anders dar. Inzwischen war das SED-Regime zu Ende gegangen und die deutsche Wiedervereinigung am 3. Oktober 1990 vollzogen worden. Damals war man einerseits voller Hoffnung, dass sich mit Einführung der Marktwirtschaft und der D-Mark alles ganz schnell ändern würde. Andererseits konnte man sich auch nicht vorstellen, wie dieser gewaltige Verfallsprozess beendet und die Stadt erneuert werden könnte.

Den Wandel zeigen

Inzwischen sind zehn Jahre vergangen. Zehn Jahre sind im Leben einer Stadt wenig. Für die, die sie erleben, können sie sehr viel sein. Und die zehn Jahre von 1990 bis 2000 waren für die Bevölkerung der ehemaligen DDR von schicksalhafter Bedeutung: Alles hat sich geändert: das Geld, das Wirtschaftssystem, das Rechts-, Schul- und Gesundheitswesen und eben auch das Bau- und Eigentumsrecht!
Rückblickend kann man die Selbstverständlichkeit, die Lernbereitschaft und die Geduld nur bewundern, mit der ein ganzes Volk solche gewaltigen Veränderungen aller Lebensbereiche im Großen und Ganzen schnell, ruhig und klaglos über sich ergehen ließ. Dabei gab es ja nicht nur Vorteile, etwa, dass man nun alles kaufen konnte, wenn man das nötige Geld hatte, oder dass man nicht jahrelang auf einen Trabi warten musste, sondern einfach zum nächsten Händler ging.
Viele Leute verloren ihren Arbeitsplatz (aber wer Arbeit hatte, konnte mit dem verdienten Geld mehr anfangen). Die Mieten wurden angehoben (aber die Wohnungen wurden bald besser). Im Gesundheitswesen war die absolute Kostenlosigkeit vorüber (aber dafür wurden die Arztpraxen hervorragend ausgestattet, und es gab Medikamente und Behandlungsmethoden in vielfältiger Art und Qualität, was in der DDR nicht immer

der Fall war). Manche altgewohnten Lokale und Läden mussten schließen (dafür hat eine große Zahl anderer neuer Geschäfte und Gaststätten aufgemacht). Die Straßenbahn wurde teurer und steckt häufig im Stau der vielen Autos (aber die Bahnen und Busse sind bald bequemer und leiser geworden). Die Autos überschwemmen nun alle Straßen der Stadt und Parkplätze werden knapp, weil fast jeder ein Auto hat (aber nun werden viele Straßen ausgebaut, und Parkhäuser und Tiefgaragen entstehen). Die Stadt ist voller Baustellen mit Einengungen und Umleitungen (aber die Stadt und das Leben werden täglich bunter).

Im Rückblick auf diese zehn Jahre fällt zuerst auf, dass der Grauschleier, der 1990 noch über der Stadt lag, zum großen Teil verschwunden ist. War 1990/91 noch ein frisch verputztes renoviertes Gebäude eine Ausnahme im allgemeinen Grau, so fallen heute, im Jahr 2000, die noch nicht sanierten grauen Häuser unangenehm im aufgehellten Stadtbild auf.
Heute können wir feststellen: »Leipzig war zu retten!« – zumindest bezüglich der Bausubstanz. Manche Fachleute meinen, dass Leipzigs Stadtbild mit seinen sanierten Häusern zu den Schönsten unter den Großstädten Deutschlands gehört. Mag das auch etwas übertrieben klingen: wir hören es gern. Wir sehen darin auch eine Anerkennung der Arbeit, die in der Stadtverwaltung in Kooperation mit vielen Bauherren, ihren Architekten und meist ungeduldigen Investoren geleistet wurde. Gemeinsam ist es in großen Teilen gelungen, ein gewaltiges Bauvolumen zu bewältigen ohne allzu große Brüche und Widersprüche für eine qualitätvolle Stadtstruktur.

Biedermannstraße
Oben: Zustand 1991: Die meisten Häuser sind noch grau und baufällig.
Unten: 1998: Das Verhältnis von unsanierten zu sanierten Häusern hat sich in den letzten Jahren umgekehrt, die Mehrzahl der Häuser ist saniert und hell gestrichen. Noch ein Unterschied: die vielen Antennen sind verschwunden!

Stadtbauentwicklung von 1870 bis 1990 – ein historischer Exkurs

Ferdinand-Lassalle-Straße, Zustand 2000

Leipzig hat in der zweiten Hälfte des 19. und zu Beginn des 20. Jahrhunderts ein explosionsartiges Wachstum erfahren, wodurch sich die Einwohnerzahl von 1850 bis 1933 von 63 824 auf 713 470 erhöht hat. In dieser Zeit sind hier etwa 50 000 Wohnungen neu gebaut worden. Leipzig war um 1930 nach Berlin, Hamburg und München die viertgrößte Stadt des Deutschen Reiches und wurde erst von Köln überflügelt, das sich durch großflächige Eingemeindungen erheblich erweiterte. Leipzig dagegen hat in der Zeit zwischen dem 1. und 2. Weltkrieg zwar eine sehr großzügige Grundstückspolitik betrieben und rings um das Stadtgebiet große Ländereien erworben, konnte aber nur unwesentliche Eingemeindungen erreichen. Das Stadtgebiet war mit 141 Quadratkilometern verhältnismäßig klein, wodurch sich eine besonders hohe Bevölkerungsdichte von etwa 5 000 Einwohnern pro Quadratkilometer ergab. In der Gründerzeit lag die normale Geschosszahl bei vier bis sechs, während die meisten anderen Städte durchschnittlich nur dreigeschossig bebaut waren.

Leipzig war in der so genannten Gründerzeit eine der reichsten Städte des Deutschen Reiches, als Messe-, Handels- und Industriestadt, in der nicht nur Bücher produziert und gedruckt, sondern auch Maschinen aller Art erfunden und gebaut wurden. Dieser Reichtum zeigt sich noch heute in der hohen Baukultur mit aufwendiger Architektur und Bauplastik aus dem Zeitabschnitt, den wir gemeinhin »Gründerzeit« nennen. (Sie sollte besser »Kaiserzeit« genannt werden, weil sie im Wesentlichen die Epoche zwischen 1870 und 1918 umfasst.) In dieser Zeit wurden nicht nur die noblen Villen und Stadthäuser der gehobenen Schichten errichtet, sondern auch die vielen Mietshäuser in fast allen Stadtteilen mit teilweise prächtigen Fassaden, großzügigen Eingangshallen und Treppenhäusern. Sie konzentrieren sich besonders im südlichen Gohlis, im Waldstraßenviertel, an der heutigen Ferdinand-Lassalle-Straße, im Musikerviertel und Teilen der Südvorstadt – man denke an die Simson- und Lampestraße oder an die heutige August-Bebel-Straße.

Leipzig muss damals eine riesige Baustelle gewesen sein, denn nicht nur große neue Wohngebiete und Industrieareale wie Plagwitz entstanden, sondern auch die vielen Messehäuser, die man nach Einführung der Mustermesse benötigte. Ihnen wurden leider auch historisch bedeutende Gebäude geopfert, wie Auerbachs Hof (für die Mädlerpassage) oder der alte Specks Hof.

Auch in der Zwischenkriegszeit von 1920 bis 1940 wurde in Leipzig viel gebaut, außer weiteren Messehäusern vor allem neue Wohngebiete mit preiswerten Wohnungen. Leipzig besitzt aus dieser Zeit einige hervorragende Beispiele eines neuen Bauens – nicht nur an den »Rundling« sei dabei gedacht. Man knüpfte damit an frühe Ansätze eines sozial orientierten Wohnungsbaus wie die Meyerschen Häuser oder die Siedlung Alt-Lößnig an.

Im 2. Weltkrieg ist Leipzig zwar häufig bombardiert worden, wodurch große Teile der Stadt und ihrer wichtigen Einrichtungen beschädigt oder total vernichtet wurden. Vor allem die Innenstadt ist aber – anders als in Dresden, Chemnitz und Magdeburg – weitgehend verschont geblieben. Viele Gebäude, vor allem aus der Gründerzeit, hatten den Krieg mehr oder weniger schadlos überstanden.

Stephanstraße 18: Der reiche Fassadenschmuck bröckelte mehr und mehr ab, schließlich konnte auch der morbide Charme nicht mehr über den schlechten Zustand hinwegtäuschen.

Wohnungsbau aus sechs Jahrzehnten in Lößnig: links (rote Dächer): Alt-Lößnig (1910) vgl. S. 102; rechts: Rundling (1930) vgl. S.104; vorn: erste Plattenbauten (1960); hinten WBS 70 (1980)

Weiterer Verfall – das letzte Drittel

Der eigentliche Verfallsprozess setzte erst in den letzten Jahren der DDR ein und lief mit zunehmender Geschwindigkeit ab. Er ist noch immer nicht ganz abgeschlossen. Denn nun haben einige Gebäude ihr endgültiges Verfallsdatum erreicht: Wenn jetzt – nach 50 Jahren – nichts an Sicherung und Instandsetzung geschieht, dann brechen die Häuser einfach in sich zusammen, wie das in den letzten Jahren hin und wieder vorgekommen ist. Die häufige Frage, warum die Stadt nichts unternimmt, warum die Trümmer nicht sofort beseitigt oder das Haus nicht wieder aufgebaut wird, ist aber heute nicht mehr relevant. Im Unterschied zur Regel in der DDR ist nicht mehr der Staat, die Stadt bzw. eine mehr oder weniger volkseigene Wohnungsbaugesellschaft für Bau, Unterhaltung und Instandsetzung von Gebäuden zuständig, sondern der jeweilige, oft private Eigentümer. Und der muss sich um die Finanzierung kümmern. Dabei wird er gegebenenfalls durch öffentliche Mittel und / oder Steuervorteile unterstützt. Ob er sie aber beantragt und in Anspruch nimmt oder nicht, ist seine Sache – man kann ihn (trotz der Möglichkeit, Modernisierungs- und Instandsetzungsgebote nach dem Baugesetzbuch zu erlassen – §§ 175–177) meist nicht zwingen: wenn er nämlich den immer notwendigen Eigenanteil an der Finanzierung nicht aufbringt oder wenn er nachweisen kann, dass die Sanierungsmaßnahme ihm wirtschaftlich nicht zuzumuten ist.

Deshalb verfallen auch zehn Jahre nach der Wende immer noch Häuser. Man spricht vom »letzten Drittel«, das noch gerettet werden muss. Dabei handelt es sich um rund 34 Prozent des gründerzeitlichen Bestandes von etwa 110 000 Wohnungen, also etwa 37 000 Wohnungen in etwa 4 500 Gebäuden in Altbauten, die auch weiterhin verfallen, wenn sie nicht bald instand gesetzt werden. Die Altbausubstanz von Leipzig ist also noch nicht vollständig gerettet. Gründe dafür können noch ungeklärte Eigentumsverhältnisse sein oder Uneinigkeit unter den Eigentümern oder auch einfach die Unmöglichkeit, die Finanzierung zustande zu bringen. Ausschlaggebend ist dabei, dass bei dem hohen Überschuss an Wohnungen und bislang noch immer abnehmender Bevölkerungszahl zunächst kein Bedarf für zusätzliche Wohnungen besteht. Deshalb muss ernsthaft erwogen werden, keine weiteren Wohnflächen im Geschossbau mehr zu bauen bzw. zu genehmigen. (Denn Einfamilienhäuser werden nach wie vor gefragt.) Man muss aber wohl von den vorhandenen Geschosswohnungen auch einige aufgeben!

Das Dezernat Planung und Bau hat sich mit dieser Problematik befasst und 1999 eine Strategie unter dem Titel »Neue Gründerzeit« entwickelt, wie mit dieser Problematik umzugehen ist. Kernpunkte der Strategie sind folgende Anliegen:

- Reduzierung der Dichte und deutlich stärkere Durchgrünung der Gründerzeitviertel, auch durch Abbruch nicht mehr genutzter Bausubstanz, wo dies der Qualitätsverbesserung und Erhöhung der Wettbewerbsfähigkeit gegenüber dem Wohnen am Stadtrand dient;
- Erhöhung der Wohnfläche pro Person, weil so mehr Gründerzeithäuser gerettet werden können und neue Qualitäten des Wohnens entstehen;
- Erhöhung der Eigentumsquote;
- Setzen von Prioritäten beim Einsatz städtischer Mittel und Kapazitäten auf der Grundlage des Stadtentwicklungsplans Wohnungsbau und Stadterneuerung, der derzeit erarbeitet wird.

Es geht letztlich darum, den Menschen in den Altbaugebieten das zu bieten, was sie am Stadtrand zu finden hoffen. Diese wichtige Strategie kommunalpolitisch, ökonomisch und sozial verträglich umzusetzen, dürfte nicht einfach sein!

Noch ist viel zu tun! Seeburgviertel, Blick von der Seeburg- in Richtung Sternwartenstraße / Nürnberger Straße. Drei Bauphasen: Plattenbauten aus den Achtzigerjahren (links), in den Neunzigerjahren sanierte Altbauten (Mitte), sowie der 1990 abgebrochene Abbruch ganz rechts nach der Wende. Der Parkplatz ist eine Baulücke.

August-Bebel-Straße: geschlossene Gründerzeitarchitektur: Fast alle Häuser sind saniert (2000)

Gründerzeit und Jugendstil – Kitsch oder Baukunst?

In der Kaiserzeit wurde so gut und solide gebaut, dass die Häuser großenteils eine fünfzigjährige Vernachlässigung während des Krieges und in DDR-Zeiten überstanden haben, ohne total zu verfallen.
Wegen des permanenten Geld- und Materialmangels der DDR waren die Häuser auch nach dem Krieg einfach so stehen geblieben. Man hat zuerst notdürftig repariert, Notdächer aufgesetzt (die teils bis heute bestehen) und die Fenster wieder in Ordnung gebracht. Sonst wurde aber an den Häusern meist nichts verändert. Und dadurch unterscheidet sich Leipzig von vielen Städten in den alten Bundesländer: Dort ist man in der Wiederaufbauphase der Fünfziger- und Sechzigerjahre mit der gründerzeitlichen Bausubstanz meistens wenig pfleglich umgegangen, denn Gründerzeit und Jugendstil galten bis etwa 1970 (nicht nur in Westdeutschland) wenig. Man empfand diesen Baustil als kitschig und protzig und hat beim Wiederaufbau die Fassadenverzierungen, die aufwendigen Dachaufbauten und Türmchen häufig nicht wieder hergestellt, ja sogar bewusst beseitigt: Man nannte dieses Verfahren »Bereinigen«.
In Leipzig und in den meisten DDR-Städten hatte man auch für solche bewussten Veränderungen beim Wiederaufbau häufig kein Geld. Zwar gibt es auch hier einige Gründerzeitgebäude, deren Fassaden nicht im alten Stil restauriert, sondern im westdeutschen Sinne »bereinigt« wurden, indem man die Fensterumrandungen und andere fassadengliedernde Elemente beseitigte bzw. vereinfachte. Unter den vielen Altbauten ist das aber zum Glück nur ein kleiner Teil.
Aus diesem Grund kann man Leipzig heute wohl zu Recht als die »Stadt mit dem größten geschlossenen Gründerzeitpotential« bezeichnen. Das war 1989/90, als die Bürger auf die Straße gingen, um die weitere Zerstörung und Beseitigung der gründerzeitlichen Altsubstanz zu verhindern, schon erkennbar. Man wollte keine weitere Kahlschlagsanierung mit langweiligen Plattenbauten statt der Gründerzeitgebäude, auch wenn diese grau und kaputt waren.

Reicher Fassadenschmuck an den Häusern der August-Bebel-Straße zeugt von einer großen Vergangenheit

Nordplatz 1. Erbaut 1888 als hochherrschaftliches Haus mit fünf Geschossen und zwei Wohnungen zu je gut 200 Quadratmeter Wohnfläche. Es bildet mit dem Haus Nordplatz 2 ein wichtiges städtebauliches Ensemble als Südwand des Nordplatzes. Welche Bedeutung schon zur Zeit der Erbauung diesem Standort beigemessen wurde, zeigt sich daran, dass dem Projekt erst nach Überarbeitung der Fassade durch Clemens Thieme, dem Architekten des Völkerschlachtdenkmals, zugestimmt wurde. Mitte der Achtzigerjahre war das Gebäude so weit verfallen, dass damals begonnene Sanierungsarbeiten abgebrochen werden mussten. Fenster und Türen wurden zugemauert, der Regen drang durch das undichte Dach ein und Schwamm breitete sich aus. Von Herbst 1995 bis Mai 1997 konnte das Haus wieder aufgebaut werden, wobei die Fassade wegen ihrer städtebaulichen Bedeutung nach den Originalplänen restauriert wurde, während die Geschossdecken vollständig neu eingebaut werden mussten. Wiederaufbau durch die Architekten Fischer und Kober, Leipzig, 1995 bis 1997; Generalunternehmer: Dyckerhoff und Widmann; Bauherr: Nordplatz 1 GbR

Der plötzliche Bauboom – niemand war vorbereitet

1990, als das alte SED-Regime bereits abgelöst war, die DDR aber noch existierte, kamen die ersten Investoren nach Ostdeutschland, um nach Möglichkeiten für bauliche Investitionen und zur Anlage von Geld und Kapital zu suchen. Sie wurden schnell fündig. Damit begann ein Investitionsboom, der sich vor allem auf die Großstadtregionen konzentrierte. Einerseits war es die Nachfrage und ein vermuteter Bedarf, der Bauinvestitionen in der DDR bzw. in den neuen Ländern auslöste. Andererseits haben Steuervorteile, staatliche Finanzhilfen und zinsverbilligte Kredite diesen Boom unterstützt und befördert, was ja politisch durchaus gewollt war. Der Aufbau Ost sollte so schnell wie möglich angekurbelt werden! Und es ging gleich richtig los! Der Bedarf schien unermesslich, denn es fehlte an allem: an Einkaufsgelegenheiten, an Büro- und Gewerbeflächen, an Hotels und auch an Wohnungen. Die grauen Städte und Dörfer brauchten dringend Geld für die Sanierung ebenso wie für die marode Infrastruktur. Hier fanden nicht nur die Projektentwickler, Immobilienmanager und Investoren ein reichliches Betätigungsfeld, sondern auch eine große Zahl Bauunternehmer aller Art sowie Hersteller und Lieferanten von Baustoffen und -materialien.

Auf diesen Ansturm war niemand vorbereitet: die Städte, Gemeinden und Kreise nicht, deren Verwaltungsspitzen sich nach der Ablösung der bisherigen erst neu formierten, Länder waren noch nicht wieder gebildet – die DDR-Bezirke bereits in Auflösung begriffen. Die neue DDR-Regierung nach den ersten freien Wahlen versuchte, das Rechtssystem der DDR an das der Bundesrepublik anzupassen. Parallel liefen die Verhandlungen zwischen beiden Staaten über eine Wirtschafts- und Währungsunion, die dann allerdings schneller als zuerst gedacht die Wiedervereinigung – den Beitritt zur Bundesrepublik – brachten. Auch im Westen war man auf diesen Fall in keiner Weise vorbereitet – weder in Politik und Verwaltung noch in der Wirtschaft.

In diesen teilweise fast rechtsfreien Raum stießen die verschiedensten Aktivitäten, alle mit dem Ziel, in der DDR etwas zu tun: zu helfen, wo sich Bedarf zeigte; zu investieren, wo sich Anlagemöglichkeiten ergaben. Partnerschaften zwischen West und Ost bildeten sich: zwischen Städten, Kreisen, Kirchen, Schulen, politischen Parteien, Bürgerinitiativen, Umweltgruppen, Ingenieur- und Architektenbüros und vielen anderen. Man wollte Erfahrungen austauschen, Wissen weitergeben und Neues lernen. Joint Ventures zwischen westdeutschen und ostdeutschen Firmen wurden gegründet, auch und gerade auf dem Bausektor, um so schnell wie möglich die neuen Techniken, Materialien und vor allem Kalkulations- und Ausschreibungsverfahren kennen zu lernen.

Dies war die Stunde der Mutigen und der Cleveren: »Wer wagt, gewinnt!« hieß die Parole. Und so kamen seriöse Unternehmer und Projektentwickler ebenso wie Scharlatane und Hasardeure, um vom großen Kuchen des Aufschwungs Ost ein Stück abzubekommen. Sie trafen auf Partner, die im Umgang mit der Marktwirtschaft und mit bundesdeutschem Recht meist völlig unerfahren, aber aufgeschlossen waren, Neues zu wagen. Dass aus vielen solchen Partnerschaften, Projekten und Konzepten letztlich oft ein gutes Ergebnis entstand, ist erfreulich – dass aber ebenso oft aus der ganzen Sache nichts wurde, darf nicht erstaunen – dass Katastrophen verhältnismäßig selten waren, ist beruhigend! Das ganze Ausmaß der Pannen und Skandale wird sich wohl erst in der Zukunft offenbaren.

Wie die erste Phase des Baubooms, die etwa bis 1995 dauerte, in und um Leipzig ablief, soll an einigen Beispielen dargestellt werden. Dabei geht es nicht nur um die wertvolle Gründerzeitarchitektur und die Veränderungen im städtebaulichen Erscheinungsbild der Stadt, sondern auch um die bauliche Entwicklung in den Vororten, im Umland und in der Region. Zusammenhänge, Hintergründe und das Prozesshafte des baulichen Geschehens dieser Jahre soll dargestellt werden.

Wer waren die Akteure?

Wenn man an diese hektischen Jahre denkt, fällt einem zuerst der Investor ein, der Mann, der investiert, der meist aus dem Westen kam (und daher wohl »In-West-or« genannt wurde?). Bei genauerer Betrachtung sind damit meist mehrere Akteure gemeint:

An erster Stelle steht der Projektentwickler, der für einen Standort, für ein Grundstück oder für ein Gebäude eine Verwertung durch Planung, Erschließung, Bebauung und Nutzung sucht, Pläne macht, die Genehmigungsfähigkeit und Finanzierung ermittelt und schließlich denjenigen sucht, der das Projekt realisiert.

Das ist dann der Investor im engeren Sinn, den man früher Bauherr nannte, oder ein Bauträger. Dieser braucht Banken und Geldanleger (einzeln oder als Fonds), um das Projekt zu finanzieren. Architekten und Ingenieure aller Art machen das Projekt baureif und besorgen die Genehmigungen. Bauunternehmer und Handwerker vieler Gewerke müssen die Bauarbeiten ausführen, wozu sie Baustoffe , Baumaschinen, viele Bauteile und Ausstattungsgegenstände benötigen. Immobilienhändler vermitteln Grundstücke und vermarkten später das fertige Produkt, also das Gebäude. Notare, Rechtsanwälte, Steuerberater und Wirtschaftsprüfer tragen beratend oder beurkundend ihre Dienste bei. Das sind soweit die aktiven Akteure, die ein Vorhaben anregen und in Gang setzen.

Auf der anderen Seite ist die Behörde, die Verwaltung mit ihren verschiedenen Ebenen und Zuständigkeiten: die Gemeinde mit ihrer Planungshoheit, das Landratsamt oder die Großstadt als Baugenehmigungsbehörde, das Regierungspräsidium (in Sachsen und Sachsen-Anhalt) als obere Genehmigungsbehörde in schwierigen Fällen. Dazu kommen viele Sonderbehörden für Umweltschutz, Denkmalschutz, aber auch die Ver- und Entsorgungsbetriebe für Strom, Wärme, Gas, Wasser und Abwasser, die ebenso wie die Straßen- und Tiefbauämter für die Erschließung zuständig sind.

Schließlich setzt die Politik auf den verschiedenen Ebenen den rechtlichen Rahmen durch Gesetze, Verordnungen und Satzungen, sie gibt über Fördergelder, Zuschüsse oder Steuerpräferenzen besondere Impulse, um politische Ziele zu fördern.

Man sieht, dass viele Akteure am Werk sind und untereinander kooperieren müssen, soll etwas in Gang kommen und realisiert werden. In der Übergangszeit zwischen 1989 und 1991, als alles noch im Umbruch und Aufbau war und sich die bürokratischen Strukturen noch nicht verfestigt hatten, wurde sehr schnell gehandelt und entschieden. Alle wollten den Aufschwung nach besten Kräften fördern, keiner wollte bremsen. Dass in dieser Phase nicht alles so gelaufen ist wie geplant und manche Fehler gemacht wurden, darf nicht überraschen, dass nicht noch mehr schief gegangen ist, ist erstaunlich.

Aber es gab auch die Passiven, die von dem ganzen Umbruch und Aufschwung Betroffenen, die nun plötzlich aus ihren – meist über Jahrzehnte – festgefügten Lebensumständen herausgerissen wurden, z. B. durch Verlust ihres Arbeitsplatzes oder Kündigung ihrer Wohnung, weil das Haus an den früheren Eigentümer zurückgegeben oder verkauft und/oder instandgesetzt und gründlich modernisiert wurde, wobei Bewohner störten bzw. zu wenig Miete zahlten. Die meist westdeutschen Makler oder Bauträger waren gelegentlich arrogant und wenig zimperlich, wenn es um schnelle Entscheidungen ging, was nicht gerade zur Verständigung zwischen Ost und West beigetragen hat. (Aber ich weiß auch von manchen ehemaligen DDR-Bürgern, dass sie den erzwungenen Wechsel in ihrem Leben letztlich als Chance genutzt haben und in Beruf und/oder Wohnverhältnissen Verbesserungen erreicht haben, die sie ohne diesen Zwang nie realisiert hätten!)

In den Jahren 1992 bis 1997 wurden insgesamt 18 270 Bauanträge genehmigt, also etwa 3 000 pro Jahr (zwischen 2 432 und 3 558 in den einzelnen Jahren). Das bedeutet, dass pro Arbeitstag etwa zwölf Baugenehmigungen erteilt wurden.

Wer profitierte vom Bauboom?

Dass von diesem Bauboom hauptsächlich Geldanleger aus Westdeutschland und aus dem Ausland profitierten, ist bekannt. Denn nur die wenigsten ehemaligen DDR-Bürger besaßen das Kapital oder das Vermögen, um große Investitionen zu finanzieren. Sie konnten auch selten von den steuerlichen Vorteilen Gebrauch machen, da sie meist nur relativ bescheidene Einkommen oder Vermögenswerte zu versteuern hatten. Man kann wohl behaupten, dass durch die Instrumente des Aufbaus Ost eine gewaltige Vermögensverschiebung von West nach Ost in Gang gesetzt wurde. Und dass die riesigen Bauinvestitionen vorwiegend westdeutschen Bauunternehmern, Baustofflieferanten und Baumaschinenherstellern zugute kamen, dürfte auch im Wesentlichen zutreffen.
Dennoch haben auch die Ostdeutschen vom Bauboom profitiert: etwa von den Arbeitsplätzen, die – direkt und indirekt – gesichert oder neu geschaffen wurden, und vom allgemeinen Wirtschaftsaufschwung. Endlich konnte die marode Altbausubstanz in großem Umfang saniert und gerettet werden. Die ehemaligen DDR-Bürger bekamen auch die Chance, ein Haus zu bauen, eine Wohnung zu erwerben oder ihre Wohnverhältnisse auf andere Weise zu verbessern.

	1992	1993	1994	1995	1996	1997	1992-1997
Baugenehmigungen Anzahl	3 243	3 080	2 642	2 432	3 558	3 324	**18 279**
Wohneinheiten	722	4 568	9 933	7 800	8 580	230	**31 833**
Bürofläche m²	162 000	544 293	406 053	340 140	114 084	58 876	**1 625 446**
Verkaufsfläche m²	93 500	133 980	142 762	41 323	55 024	253	**466 842**
Gewerbefläche m²	15 000	38 419	66 855	22 929	4 865	34 929	**182 997**

Die Zahlen der Tabelle belegen die gewaltige Bauleistung, die von 1992 bis 1997 erbracht wurde. (Quelle: Bauordnungsamt Leipzig)

Der neue Wohnungsmarkt

Schon bald gab es genügend Wohnungen in jeder Größe und Qualität, wenn auch nicht mehr zu den bisher gewohnten minimalen Mietpreisen. Denn nun müssen die Eigentümer die Miete so kalkulieren, dass die Kosten gedeckt werden. Selbst die kommunalen Wohnungen (die in Leipzig von der LWB verwaltet werden) sind nicht mehr für 0,75 bzw. 1,30 DM pro Quadratmeter zu haben: ihre Mieten wurden von 1991 an auf inzwischen 8,50 DM pro Quadratmeter angehoben. In den ersten Jahren nach 1990 kletterten die Mieten für frei finanzierte Wohnungen sogar in schwindelerregende Höhen und lagen 1995 manchmal über 25 DM. Aber: Mit der Fertigstellung von immer mehr Wohnungen wuchs das Angebot, während gleichzeitig die Nachfrage nachließ, weil einerseits viele Leipziger ihr eigenes Häuschen bauten und andererseits die Bevölkerungszahl zurückging.

Die Bevölkerungszahl sank von 1990 bis 1999 von ca. 530 000 auf ca. 450 000 Einwohner – zum Teil bedingt durch die Übersiedlung in den Westen (was manche ja schon immer gewollt hatten), zum Teil durch den Umzug in das Umland, wo anfänglich neue Wohnungen schneller und billiger auf den Markt kamen.

Ab 1. Januar 1999 ist die Einwohnerzahl der Stadt Leipzig aber wieder auf fast 500 000 angewachsen, weil zu diesem Zeitpunkt die Nachbargemeinden Wiederitzsch, Lindenthal, Lützschena-Stahmeln, Böhlitz-Ehrenberg, Burghausen*, Rückmarsdorf*, Miltitz, Knautnaundorf, Liebertwolkwitz, Holzhausen, Mölkau und Engelsdorf mit insgesamt ungefähr 60 000 Einwohnern nach Leipzig eingemeindet wurden (die mit * bezeichneten Gemeinden allerdings erst zum 1. Januar 2000, weil sie gegen die Eingemeindung vor das Sächsische Verfassungsgericht gezogen waren. Dort wurde aber nur die im Stadt-Umland-Gesetz vorgesehene Eingemeindung der Stadt Markkleeberg mit ca. 22 000 Einwohnern als nicht verfassungsgemäß abgelehnt).

Die Befürchtung mancher Leipziger, dass die Mieten immer weiter steigen würden, erwies sich als unbegründet. Denn mit dem größeren Angebot und der nachlassenden Nachfrage sanken die Mietpreise wieder. Die Marktwirtschaft trägt Früchte! Aber mancher Bauherr, der sein Geld in Erwartung hoher Renditen in Leipzig angelegt hatte, wird nun enttäuscht sein und womöglich Pleite gehen. Je nach Lage und Ausstattung kann man im Jahr 2000 gut sanierte Altbauwohnungen für 10 bis 14 DM pro Quadratmeter mieten. Für frei finanzierte Neubauten liegen die Preise nicht wesentlich höher, und für öffentlich geförderte Wohnungen muß man 8,50 DM bezahlen.

Dafür sind diese neuen oder sanierten Wohnungen alle mit Zentralheizung, Bädern und innenliegenden Spültoiletten (IWC) ausgestattet, während sehr viele Altbauten vor ihrer Sanierung noch mit kohlebefeuerten Einzelöfen beheizt werden mussten, Bäder oft erst nachträglich und provisorisch eingebaut waren und die Toiletten häufig noch außerhalb der Wohnung »auf halber Treppe« lagen. Auch Aufzüge gibt es nun in sehr vielen mehrgeschossigen Gebäuden, während dieser Luxus selbst in Neubauten der DDR erst ab sechs Geschossen üblich war.

Neues Bauen auf »Grüner Wiese« – die große Landzersiedelung

Für den Bau von Gewerbegebieten, Einkaufszentren und Wohnsiedlungen suchten Projektentwickler und Immobilienmakler nach schnell verfügbaren Grundstücken. Die waren in den gewachsenen Stadt- und Dorflagen wegen komplizierter oder unklarer Eigentumsverhältnisse, zu geringer Flächengröße und zu hoher Preise kaum zu finden. Deshalb bemühte man sich im näheren und ferneren Umkreis der Stadt. Große Flächen gab es hier wegen der DDR-Landwirtschaftsstruktur mit ihren riesigen Schlägen genug. Die LPGs (Landwirtschaftliche Produktions-Genossenschaften) waren meist gern bereit, einige Hektar zu verkaufen – noch dazu, wenn in D-Mark-West bezahlt wurde!

In einem mir bekannten konkreten Falle hat ein Investor aus dem Raume Frankfurt in einer Leipziger Nachbargemeinde für einen Quadratmeter Ackerland 5 DM -West bezahlt, der unter DDR-Verhältnissen höchstens 10 Pfennig-Ost wert war. Als die Stadt drei Jahre später für das neue Messegelände einen Teil davon benötigte, verlangte er 400 DM!

Nun fehlte nur das Baurecht. Und hier half die letzte DDR-Regierung unter de Maizière mit dem von ihr am 18. Mai 1990 erlassenen Kommunalverfassungsgesetz. Darin wurde u.a. den Gemeinden und Städten die Planungshoheit übertragen (die westdeutsche Kommunen immer schon besaßen). Damit war auch die kleinste Gemeinde befugt, Bebauungspläne bzw. »Vorhaben- und Erschließungspläne« (V+E) als Grundlage für das Bauen aufzustellen. V+E-Pläne waren Inhalt der Bauzulassungs-Verordnung, ebenfalls von der de Maizière-Regierung im Frühjahr 1990 erlassen, um das Bauen in der DDR zu erleichtern und zu beschleunigen. Diese Planart wurde übrigens als einer der wenigen Gesetzesinhalte aus einem DDR-Gesetz in ein Gesetz der Bundesrepublik übernommen [1997 in § 12 des Baugesetzbuchs (BauGB)]. Beide Gesetze erleichterten tatsächlich das Bauen in Ostdeutschland, haben aber auch

zu der rapiden Zersiedelung rings um die Städte beigetragen!
Die Gemeindeverwaltungen waren zu jener Zeit fast ausschließlich mit neuen Leuten besetzt, nachdem die SED-Bürgermeister auf Druck der »Runden Tische« abgelöst worden waren. Die neuen Bürgermeister und Gemeinderäte hatten in aller Regel kaum oder keine Verwaltungserfahrung, geschweige denn kannten sie sich mit dem bundesdeutschen Planungs- und Baurecht aus. Die Investoren (sie kamen fast alle aus dem Westen) nutzten diese Chance. Sie versprachen den Bürgermeistern, die Bebauungspläne auf eigene Kosten zu entwickeln und die notwendigen Unterlagen für das Planungsrechtsverfahren zu liefern. Sie erwarben die erforderlichen Flächen (oder ließen sich eine Option auf den späteren Erwerb einräumen, was billiger war!); sie legten Pläne vor und leiteten das Planverfahren ein. Schließlich bemühten sie sich um öffentliche Fördermittel, die in den ersten Jahren relativ leicht zu bekommen waren.
Welcher Bürgermeister hätte da nein sagen sollen, wo doch Arbeitsplätze und Steuereinnahmen versprochen wurden? Überhaupt: wer damals irgendwelchen Bauprojekten skeptisch gegenüberstand oder Bedenken äußerte, galt als Gegner des Aufschwungs oder gar als »rote Socke«! Also wurde in fast jeder Gemeinde (und viele davon hatten vor der Gemeindegebietsreform weniger als 1 000 Einwohner!) mindestens ein Wohngebiet und ein neues Gewerbegebiet geplant, auch ein Einkaufszentrum, wenn die Gemeinde günstig an einer Autobahn, Bundes- oder Staatsstraße lag.
Zu jener Zeit gab es, da die neuen Bundesländer noch kaum gegründet waren, weder Landes- noch Regionalplanung, durch die man Kriterien für die raumordnerische Beurteilung eines Standortes oder Vorhabens erhalten hätte. Deshalb wurde eifrig darauf losgeplant, und manches der Projekte erhielt seine Genehmigung noch vor dem 3. Oktober 1990, als mit der Wiedervereinigung die neuen Länder gegründet und die Zuständigkeiten neu geregelt wurden.

Gewerbegebiet Großkugel: voll erschlossen, aber keine bauliche Nutzung (»beleuchtete Schafweide«), Dezember 1999

Aus einigen Zahlen des Regierungspräsidiums Leipzig geht hervor, welche überdimensionierten Vorstellungen damals für die Entwicklung von Gewerbeflächen und Einkaufszentren bei den Developern und Investoren bestanden haben:

In der Region Leipzig waren 15 Einkaufszentren mit jeweils mehr als 10 000 Quadratmetern Verkaufsfläche projektiert. Sie hätten zusammen eine Verkaufsfläche von ca. 500 000 Quadratmetern erreicht, es wurden aber nur zehn Projekte mit 360 000 Quadratmetern raumordnerisch befürwortet und tatsächlich sechs mit etwa 255 000 Quadratmetern Verkaufsfläche gebaut – das ist immer noch mehr als die doppelte Verkaufsfläche der Leipziger Innenstadt!

Ähnlich verlief es bei den geplanten Gewerbegebieten: Nach Ermittlungen des Regierungspräsidiums Leipzig sind von 1990 bis 2000 in der Stadtregion Leipzig innerhalb von Sachsen ca. 2 800 Hektar Gewerbegebietsflächen beantragt worden, von denen aber nur ca. 1 500 Hektar raumordnerisch befürwortet, ca. 1 200 Hektar baurechtlich genehmigt, schließlich aber nur ca. 540 Hektar realisiert, also erschlossen wurden. Im näheren Umland von Leipzig wurden die meisten Gewerbegebiete auch weitgehend baulich genutzt, während in größerer Entfernung noch große Flächen brach liegen. Man hat den Bedarf und die Entwicklung der Wirtschaft überschätzt, dagegen die Lage zum Oberzentrum unterbewertet.

Die Zahlen machen deutlich, welche regulierende Wirkung eine Raumordnungsbehörde wie das Regierungspräsidium ausübt – übrigens auch zu Gunsten mancher Investoren, die auf diese Weise daran gehindert wurden, noch weitere »beleuchtete Schafweiden« zu erschließen, also voll erschlossene Gewerbeflächen ohne bauliche Nutzung. Denn bedingt durch die Förderrichtlinien für GA-Maßnahmen musste alles immer komplett erschlossen werden – also Straßen, Kanalisation, Versorgungsleitungen und eben auch Straßenlaternen, sonst gab es kein Geld – unbeabsichtigte Folgen absichtsvollen Handelns! An dieser Entwicklung wird auch die Berechtigung einer vorausschauenden Regionalplanung deutlich. Der Plan für die Region Westsachsen wurde in den vergangenen Jahren erarbeitet und wird hoffentlich bald genehmigt. Allerdings kann er künftig nicht mehr die regulierende und moderierende Wirkung haben, weil durch die damalige großzügige Praxis viel mehr Baugelände bereits ausgewiesen und erschlossen wurde, als in absehbarer Zukunft je benötigt werden wird. Einige neue Gewerbegebiete im näheren Stadtumland haben manche Firma bewogen aus der Stadt auszuziehen, weil sie dort günstigere Baumöglichkeiten, geringere Grundstückspreise, weniger Altlasten und einengende Bauvorschriften vorfand. Solche erfolgreichen Gewerbegebiete sind z. B. Gerichshain, Großlehna, Großpösna, Hohenossig, Wachau und Zwenkau. In all diesen Fällen waren aktive Bürgermeister bzw. Bürgermeisterinnen am Werk, oft von einer erfahrenen Consultingfirma beraten.

VEB Drahtchemie, Zustand 1990

Neue Gewerbeflächen – alte Industriegebiete

Auch in der Stadt wurden neue Gewerbegebiete erschlossen: etwa Nordost (117 Hektar), Torgauer Straße – Heiterblick (30 Hektar) und das neue Messegelände mit anschließenden Gewerbeflächen, auf denen sich u. a. das Großversandhaus Quelle niedergelassen hat (ca. 100 Hektar). In Leipzig gibt es dazu viele alte Industrieflächen, die nach und nach brachfielen, weil die Betriebe unter marktwirtschaftlichen Bedingungen keine Überlebenschancen hatten. Insgesamt entstanden dadurch etwa 130 Hektar Industriebrachen, von denen ein großer Teil noch nicht wieder einer neuen industriellen Nutzung zugeführt werden konnte. Daran haben u. a. unklare Eigentumsverhältnisse und die Politik der Treuhand-Anstalt, zu hohe Grundstückspreise und Altlasten Schuld, aber auch einengende Bau- und Verkehrsverhältnisse und manchmal auch der Denkmalschutz.

Der industrielle Strukturbruch

Man erinnere sich, dass die gesamte Industriestruktur der ehemaligen DDR nach der Wiedervereinigung in sich zusammenbrach. Dadurch sind allein in Leipzig von ehemals 120 000 Industriearbeitsplätzen nur etwa 10 000 übrig geblieben. Ähnlich ist das an vielen anderen Standorten und Regionen abgelaufen. Die Ursachen lagen nicht nur in der Wiedervereinigung und der damit verbundenen Konfrontation der planwirtschaftlich betriebenen DDR-Industrie mit den auf dem Weltmarkt operierenden marktwirtschaftlich handelnden Unternehmen der Bundesrepublik. Zur gleichen Zeit brach auch der gesamte osteuropäische Markt weg, was der DDR-Industrie, die hauptsächlich dorthin ausgerichtet war, den Todesstoß gab. Ob und wie die vom Bund eingesetzte Treuhandanstalt, die eigentlich die »volkseigene« Industrie (re)privatisieren und in marktwirtschaftliche Strukturen überführen sollte, einen sanfteren Übergang aus der Plan- in die Marktwirtschaft hätte suchen und finden sollen und dadurch manchem traditionsreichen Betrieb, der die DDR (zwar als VEB) überstanden hat, das Überleben hätte ermöglichen können, kann hier nicht untersucht werden. Jedenfalls ist Leipzig seit den Neunzigerjahren des 20. Jahrhunderts keine Industriestadt mehr. Es bleibt zu hoffen, dass sich bald neue konkurrenz- und entwicklungsfähige Produktionsbetriebe in Leipzig etablieren. Die Förderung von produktionsnaher Forschung und Entwicklung ist deshalb besonders wichtig! Denn ohne eine Werte schaffende Basis kann eine Dienstleistungswirtschaft auf Dauer wohl auch nicht existieren.

Fabrik mitten in der Stadt (Manetstraße / Zimmergasse), VEB Drahtchemie. Hier wurden früher Schmiermittel für die Drahtherstellung produziert.

Nach Abbruch und Altlastensanierung Neubau des Dorotheenhofes 1995 bis 1997 (Läden, Büros, Wohnungen); Bauherr: Seeste Bau; Architekt: Adolfo Natalini, Florenz

Achtung
Feuergefährdeter Betrieb
Rauchen und Umgang mit Feuer und offenem Licht ist verboten!
Dieb
SAU

Jahnallee 28, ehemalige Schönfeldersche Schürzenfabrik.
Links: Zustand 1990. Rechts: Nach dem Umbau 1995
Nutzung als Modeatelier, Architektenbüro und Gaststätte.
Architekt: Gregor Fuchshuber

In diese Richtung zielt die erfolgreiche Errichtung von Gewerbehöfen, die Firmengründern durch günstige Konditionen den Aufbau ihres Betriebes und die Entwicklung ihrer Produkte erleichtern sollen. Einige dieser Gewerbehöfe sind in ehemaligen Fabrikgebäuden untergebracht, die – auch unter Beachtung des Denkmalschutzes – für die neue Funktion umgebaut und saniert wurden.
Das Business Inovation Center (BIC) in Plagwitz soll vor allem die Entwicklung innovativer Produkte fördern.

Linke Seite:
Gründer- und Gewerbehof Weißenfelser Straße, Plagwitz: Das ehemalige Fabrikgebäude wurde entkernt, um die denkmalgeschützte Fassade zu erhalten. Dahinter wurde alles neu gebaut.
Architekt: Illig/Weickenmeier + Partner, München.
Oben und Mitte: Ansicht von der Karl-Heine-Straße.
Unten: Ansicht von der Rückseite

Rechte Seite:
Mitteldeutscher Rundfunk (MDR) auf dem ehemaligen Schlachthofgelände (1999): Im Vordergrund die sanierten bzw. umgebauten Schlachthofgebäude (Architekten HPP und RKW); Bildmitte: einige Provisorien bis zur Fertigstellung des Hochhauses (Architekten: Gondesen, Piachnow, Staack, Dessau in Arbeitsgemeinschaft mit Struhk + Partner); daneben: weitere Studioneubauten und einige Schlachthofgebäude, die möglichst erhalten bleiben sollten; dahinter links: der Neubau des Mediencenters mit TV-Studios (Architekt: v. Gerkan, Marg & Partner). Weiter rechts im Bild sind das alte Messegelände und der ehemalige Großmarkt (»Kohlrabizirkus«) zu sehen.

Das Graphische Viertel – Medienstadt?

Bis zur Wende Sitz der traditionsreichen graphischen Industrie mit Verlagen, Buchdruckereien, Buchbindereien und der ganzen Zulieferindustrie, die Druckmaschinen, Bindereimaschinen usw. herstellte, hat das Graphische Viertel diese Funktion mittlerweile fast gänzlich eingebüßt. Denn auch die Verlage, die nach der Teilung in Westdeutschland, meist unter dem alten Namen (z. B. Brockhaus, Duden, Meyer, Reclam, Insel usw.) einen neuen Standort gefunden und einen neuen Betrieb aufgebaut hatten, kamen nicht nach Leipzig zurück. Nur wenige Verlage konnten erhalten werden oder wurden neu gegründet. Im Graphischen Viertel machte sich aber auch der mittlerweile weltweite Trend zu anderen Wirtschaftsstrukturen bemerkbar. Druckereien brauchen andere Gebäude, als sie vor 80 oder 100 Jahren in Leipzig gebaut wurden. Sie suchen größere Flächen, wo sie möglichst in einer Ebene rationell produzieren können. Deshalb haben die großen Druckereien, die in Leipzig noch existieren, am Rand der Stadt oder im Umland neue Betriebe errichtet (LVZ-Druckerei in Stahmeln, Offizin Andersen Nexö in Zwenkau als Beispiele). Die Bemühungen der Stadt, angeregt durch den Verein »Medienstadt Leipzig e. V.«, das Graphische Viertel zu einem multimedialen Quartier umzugestalten, in dem nicht nur Bücher produziert werden, sondern auch neue Medien ihren Platz finden, waren wohl deswegen nicht sehr erfolgreich, weil sie sich zu sehr am traditionellen Standort und seinen Gebäuden orientierten.
Leipzig ist inzwischen auf andere Weise dennoch dabei, eine Medienstadt zu werden, vor allem, weil sich der Mitteldeutsche Rundfunk (MDR) als Dreiländeranstalt für Sachsen, Sachsen-Anhalt und Thüringen im ehemaligen Schlachthofgelände angesiedelt hat (also eben nicht im Graphischen Viertel!) und weil sich um diesen Standort herum eine ganze Reihe medienorientierter Unternehmen niedergelassen oder entwickelt haben. Ein Medienzentrum entsteht derzeit im nördlichen Schlachthofgelände. Und in den Hallen des alten Messegeländes werden jetzt schon Fernsehfilme gedreht.

Dagegen haben im ehemaligen Graphischen Viertel die früheren großzügigen Druckereigebäude häufig andere Funktionen. Erwähnt sei die Handwerkskammer im Gebäude der ehemaligen Druckerei Brandstetter an der Dresdner Straße oder das Reclamhaus an der Inselstraße, das inzwischen zu einem vielfältig nutzbaren Bürogebäude umgestaltet wurde.

Druckerei Brandstetter, Zustand 1990

Nach der Sanierung beherbergt das Gebäude die Verwaltung der Handwerkskammer.

An einem Gebäude soll sich aber die Tradition des Graphischen Viertels festmachen: am Haus des Buches an der Prager Straße, auf dem Grundstück, auf dem 1895 der pompöse Bau der Buchhändlerbörse errichtet wurde. Von Bomben völlig zerstört, blieb das Grundstück in der Nachbarschaft des Bugra-Messehauses fünf Jahrzehnte unbebaut – nur eine dicke Fernwärmeleitung wurde an seinem nördlichen Rand verlegt und störte den Neubau erheblich! Der Börsenverein des Deutschen Buchhandels erhielt das Grundstück zurück und errichtete 1994 bis 1995 das Haus des Buches nach dem Entwurf der Architekten Angela Wandelt und Gerd Heise, die im Wettbewerb erfolgreich waren. Das Besondere an diesem wohlproportionierten Klinkerbau, der mehrfach ausgezeichnet wurde, sind die haushohen Glaswände, die die beiden nach Westen orientierten Höfe zur Prager Straße hin gegen Lärm und Abgase abschirmen.

Bevor mit dem Neubau begonnen werden konnte, musste erst eine Fernwärmeleitung verlegt werden, die die Prager Straße wie ein Triumphbogen überspannte und das Baugrundstück durchquerte.
Oben rechts: 1993: Die Bauarbeiten für das Haus des Buches beginnen, im Hintergrund das alte Bugra-Messehaus.
Unten rechts: 1996 schließt der Neubau die Lücke.

Prager Straße (vormals Leninstraße): Das heutige Seemann-Carré vor der Sanierung, dahinter die Baulücke der ehemaligen Buchhändlerbörse (heute Haus des Buches)

Verwaltungssitz der LWB, Prager Straße 21; Bauherr: Allianz; Architekt: Humbeck, 1994 bis 1996; daneben Seemann-Carré; Bauherr: Concordia; Architekt: HPP

Im Haus Prager Straße 27 / Ecke Johannisallee hatte (als die Straße noch Leninstraße hieß) der VEB Excelsiorwerk Leipzig seinen Sitz. Hier wurden elektrische Messinstrumente gefertigt. Immer wieder wurde seitens des Wirtschaftsrates des Bezirkes Leipzig gefordert, weltmarkt- und exportfähige Erzeugnisse zu produzieren, für die auch Anträge für das begehrte Messegold vorzubereiten seien. Das Gebäude allerdings bekam nur einen hölzernen Fußgängertunnel, damit Passanten nicht durch herabfallende Hausteile gefährdet wurden (Aufnahme 1989). Nach der Wende erstand das Haus in neuem Glanz. Nach Originalzeichnungen wurde das Dachgeschoss wieder errichtet und der markante Eckturm aufgesetzt, die Fassaden wurden gesäubert, die Schmuckelemente erneuert. Die einstige Produktionsstätte existiert nicht mehr, und so präsentiert sich das Gebäude als Büro- und Geschäftshaus.

Prager Straße 27 / Ecke Johannisallee; Architekt: Hans Enger, Zustand 1989

Sanierung durch Excelsiorwerk Rudolf Kiesewetter, Leipzig, Architekt: Schellko Bau, Taucha

Die Entwicklung im Einzelhandel

Der erste Ansturm westdeutscher Investoren galt schon Ende 1989 / Anfang 1990 vor allem Einzelhandelsprojekten, denn in der DDR fehlten Einkaufsmöglichkeiten und Waren in breiter Vielfalt und Qualität. Im zentral organisierten Handel der DDR hatten HO und Konsum mit ihren bescheidenen Kaufhallen das schmale Angebot zu verteilen – die Kunden kamen gezwungenermaßen und haben oft lange nach nur selten angebotenen Waren wie Gemüse und Südfrüchten angestanden.

Nach dem Fall der Mauer und der Grenzöffnung strömten deshalb die DDR-Bürger in den Westen, um dort das einzukaufen, was es zu Hause nicht gab. In Hof, Helmstedt und anderen grenznahen Orten konnten die Geschäfte und Einkaufszentren den samstäglichen Ansturm kaum bewältigen. Deshalb haben viele westdeutsche Handelsunternehmen wie Massa, Aldi, Allkauf und Kaufland in der DDR nach Ansiedelungsmöglichkeiten gesucht. In den ersten Monaten behalf man sich auch mit Provisorien auf Plätzen, in leeren Grundstücken und an Straßenecken. Die Kaufhallen von Konsum und HO fanden bald neue westdeutsche Besitzer, die meistens innen schnell umbauten, weil man keine Lagerräume, dafür mehr Verkaufsflächen brauchte.

Die großen Investoren und Projektentwickler gingen dagegen gleich auf die berühmte »Grüne Wiese« an Autobahnauffahrten und den Bundesstraßen.

Um Leipzig herum sind in den Jahren 1990 bis 1995 insgesamt sechs Einkaufszentren entstanden, alle mit mindestens 20 000 Quadratmetern großen Verkaufsfläche, darunter mit dem Saalepark bei Günthersdorf (Landkreis Merseburg) an der Autobahnauffahrt Leipzig-West/Merseburg das größte Einkaufszentrum mit ca. 90 000 Quadratmetern Verkaufsfläche. Insgesamt sind auf diese Weise rings um Leipzig etwa 255 000 Quadratmeter Verkaufsfläche in nicht in die Stadt integrierten Einkaufszentren auf die »Grüne Wiese« gesetzt worden.

Einkaufsprovisorium auf einem leeren Grundstück an der Ecke Georg-Schumann-Straße/Sassstraße 1990

In Leipzig hatte man schon bald die Gefahr, die für den Einzelhandel in der Stadt selbst entstand, erkannt und deshalb großflächigen und nicht integrierten Einzelhandel völlig abgelehnt. Da aber die Investoren ins Umland auswichen, wo die Stadt keine Zuständigkeit besaß, hat man in Leipzig die Strategie geändert: Ab 1991/92 wurde nicht nur die Entwicklung der Stadtteile gefördert, man hat auch großflächige, vorerst aber provisorische Einkaufszentren zugelassen, wo die Versorgung mangelhaft war, aber immer in Wohngebiete integriert. Dazu gehörte Grünau (etwa 80 000 Einwohner, nur wenige typisierte Kaufhallen), wo 1992/93 zwei großflächige Provisorien genehmigt wurden: der Massa-Markt mit 5 000 Quadratmetern und das Allkauf-Provisorium mit 8 000 Quadratmetern Verkaufsfläche. In Neu-Paunsdorf (etwa 20 000 Einwohner) durfte Kaufland ein Provisorium mit 5 000 Quadratmetern aufstellen. Ein Weiteres bei Probstheida war zwar geplant, ist aber nicht realisiert worden. Ein Shoppingcenter an der Landsberger Straße, an der Stadtgrenze zu Lindenthal, wurde nicht genehmigt, weil es nicht in die bebaute Stadt integriert worden wäre. Ein Einkaufsprovisorium im Bereich des Cottaweges am Kleinmesseplatz wurde von der Verwaltung zwar für fünf Jahre vorgesehen, vom Stadtrat aber abgelehnt.
Außerhalb der Stadt wurden durch Einspruch und Klage der Stadt ein Shoppingcenter in Miltitz und ein sehr großes Projekt in Mölkau abgewiesen. Dagegen ist der »Sachsenpark« auf der Gemarkung Seehausen nicht zu verhindern gewesen, allerdings hat er bis heute nicht die geplante Größe von 40 000 Quadratmetern Verkaufsfläche erreicht, die der Bebauungsplan vorsieht. Die Einkaufszentren in Großpösna (»Pösnapark«, 32 500 Quadratmeter) und Burghausen (»Löwen-Center«, 30 000 Quadratmeter) wurden dagegen trotz Bedenken der Stadt Leipzig vom Regierungspräsidium genehmigt.

Grünau: Das Einkaufsprovisorium der Fa. Massa stand von 1991 bis 1995 an der Lützner Straße / Stuttgarter Allee. Am Ende der Stuttgarter Allee befindet sich heute das »Allee-Center«, an der Lützner Straße das »PEP«.

Im Falle des Saaleparks war die Gemeinde Günthersdorf (ca. 1 000 Einwohner) bzw. der Landkreis Merseburg im Regierungsbezirk Halle/ Saale zuständig, und damit das Land Sachsen-Anhalt. Von diesen Planungen hat man in Leipzig erst erfahren, als der Grundstein gelegt wurde, übrigens vom damaligen Bundeswirtschaftsminister Jürgen Möllemann, der den Anlass als wichtigen Schritt zum Aufbau Ost würdigte!

Um die Planungen auf beiden Seiten der neuen/ alten Landesgrenze zwischen Sachsen und Sachsen-Anhalt besser aufeinander abstimmen und damit den mitteldeutschen Großraum Leipzig-Halle besser entwickeln zu können, wurde 1993 durch einen Staatsvertrag zwischen beiden Ländern eine Raumordnungskommission gebildet. Sie hat die Aufgabe, für eine gegenseitige Information und Abstimmung über raumbedeutsame Entwicklungen in den Regierungsbezirken Leipzig, Halle und Dessau zu sorgen.

Der Saalepark bei Günthersdorf (Sachsen-Anhalt); Aufnahme am Buß- und Bettag 1997 (Feiertag in Sachsen)

Das Zentrenstrukturkonzept der Stadt Leipzig

Die Stadt hat angesichts dieser Entwicklung im Einzelhandel schon 1993/94 ein Zentrenstrukturkonzept mit dem Ziel erarbeitet, der Bevölkerung in ihrer Wohnungsumgebung vielfältige Einkaufsmöglichkeiten zu bieten. Dadurch sollten auch die gewachsenen Stadtteile aufgewertet werden. Einige dieser Stadtteilzentren sind bereits realisiert und im Großen und Ganzen erfolgreich. Die größten von allen stehen in den großen Plattenbau-Wohngebieten, weil dort auch der Bedarf am größten war: das »Allee-Center« in Grünau mit 24 000 Quadratmetern Verkaufsfläche und einem Großkino und das »Paunsdorf-Center« in Neu-Paunsdorf mit ca. 70 000 Quadratmetern, zu dem im Laufe der Zeit außerdem ein kleines Wohngebiet, ein Bürohausviertel, ein Gewerbegebiet, ein Hotel und das Freizeitbad »Sachsentherme« hinzugekommen sind. Diese großen Einkaufszentren unterscheiden sich von den anderen dadurch, dass sie Straßenbahnanschluss haben und die Autos mindestens teilweise in Parkhäusern abgestellt werden und nicht nur auf den sonst üblichen riesigen Parkplätzen.

»Allee-Center«, Ansicht von Norden

»Allee-Center«, Grünau, Stuttgarter Allee, Ansicht von Süden mit der großen Kuppel; Architekten: von Gerkan, Marg und Partner; Bauzeit: 1995 bis 1997; Bauherr: ECE

Kleinere, noch mehr auf das Wohnumfeld bezogene Stadtteilzentren sind u. a. das »Südwestzentrum« in Großzschocher (5 300 Quadratmeter), das »Eutritzscher Zentrum« (5500 Quadratmeter), die »Gohlis-Arkaden« (4 700 Quadratmeter) und das »Mockau-Center« (3 500 Quadratmeter Verkaufsfläche). Nahversorgungszentren wie in Neu-Schönefeld, Stötteritz, Lindenau und Plagwitz runden das Bild ab. Fast alle neuen Zentren enthalten nicht nur Ladenflächen, sondern auch Gaststätten, Büros (teilweise mit städtischen Dienstleistungen verbunden) und Wohnungen – das Ziel war und ist, Monofunktionen zu vermeiden und die Zentren in die vielfältige Stadtstruktur einzubinden. Das Zentrenstrukturkonzept wurde inzwischen überarbeitet und aktualisiert und 1999 unter der Bezeichnung »Stadtentwicklungsplan Zentren« vom Stadtrat verabschiedet.

Linke Seite:

Oben: Luftbild 1992: Dreieck zwischen Wittenberger und Delitzscher Straße: Baulücken, Werkstätten, Lagerplätze
Unten: Luftbild 1998: Die Häuser sind saniert, Baulücken sind geschlossen, das Eutritzscher Zentrum ist entstanden. Architekten: Grüner + Schnell, München, Bauzeit: 1995 bis 1997. Bauherr: Argenta, München

Rechte Seite:

Westseite der Katharinenstraße vom Fregehaus (links) bis zum Romanushaus (rechts), das ebenso wie das Nachbargebäude aus der Barockzeit stammt und restauriert wurde, während das gelbe Haus daneben und dessen Nachbargebäude noch nicht saniert sind: Der bauliche Wandel als Prozess! Im Vordergrund der Sachsenplatz, auf dem die archäologischen Untergrunderkundungen im Gange sind (teils unter leichten Folienzelten) als Vorbereitung für den Neubau des Museums der bildenden Künste (2000).

Die Entwicklung der Innenstadt

Schwerpunkt des Baugeschehens war schon zu Beginn des Jahres 1990 die Leipziger Innenstadt als Oberzentrum der ganzen Region. Der Eindruck einer geschlossenen Altstadt mit urbanem Flair, geprägt vorwiegend durch die Messe- und Geschäftshäuser aus der Vorkriegszeit mit ihrer meist aufwendigen Architektur, erwies sich für die geschäftliche, bauliche und touristische Anziehungskraft von besonderer Bedeutung. Denn – Gott sei Dank – ist die Leipziger Altstadt nicht so total durch Bomben zerstört worden wie die Altstädte von Dresden, Chemnitz und Magdeburg oder sehr vieler Städte in Westdeutschland! In Leipzig ist trotz einiger Lücken die Stadt- und Baustruktur und ein Großteil der Gebäude erhalten geblieben – übrigens trotz einiger gewalttätiger Eingriffe in den Sechziger- und Siebzigerjahren, als Leipzig (wie alle Großstädte der DDR) zu einer »Sozialistischen Großstadt« umgebaut und ganze Altbauquartiere (nicht nur in der Innenstadt!) abgerissen und durch großmaßstäbliche Plattenbauten ersetzt werden sollten. In der Innenstadt sind das die Wohnblocks am Brühl, das Hochhaus und der lange Riegel an der Reichsstraße sowie die Universität, der – besonders bedauerlich – auch die gotische Paulinerkirche zum Opfer fiel (1968). Auch die Grünfläche an der Thomaskirche und der Sachsenplatz stammen aus dieser Phase.

Der Städtebauliche Rahmenplan

Die neue Stadtverwaltung hat 1990 solche Planungen sofort aufgegeben und durch einen städtebaulichen Rahmenplan und eine Gestaltungssatzung für die Innenstadt neue Ziele gesetzt: Erhaltung und weitgehende Wiederherstellung der historischen Stadtstruktur und Bausubstanz. Solche Pläne gab es im damaligen Büro des Chefarchitekten schon in Ansätzen, teils entstanden im Rahmen eines städtebaulichen Wettbewerbs von 1988, dessen Ergebnisse damals nicht veröffentlicht und schon gar nicht umgesetzt werden durften. Auch die »1.Volksbaukonferenz« vom Januar 1990 forderte solche Ziele. Deshalb lagen die Konzepte für eine erhaltende Erneuerung schon bald auf dem Tisch. Von der Stadtverordnetenversammlung im Oktober 1990 beschlossen, sind sie nach öffentlicher Auslegung und Überarbeitung seit Januar 1993 rechtskräftig. Nach dem Städtebaulichen Rahmenplan sollten vor allem die alten Baukanten und Straßenräume wiederhergestellt und auf jeden Fall erhalten werden, ebenso die Gebäudehöhe und möglichst auch die Parzellenstruktur. In diesem Sinne wird nun auch der Sachsenplatz, dessen Gelände früher vollständig überbaut war, zusammen mit dem neuen Museum der bildenden Künste wieder bebaut werden, so dass die Straßenräume der Katharinen- und Reichsstraße sowie des Brühl ihre historischen Baukanten zurückerhalten (siehe S. 105).

Bei der Grünfläche zwischen Thomaskirche und Petersstraße waren sich Stadtplaner und Denkmalpfleger einig, dass die Kante zur Petersstraße und Thomasgasse wiederhergestellt werden sollte. Das wurde auch in einer Städtebauwerkstatt 1995 mit der Empfehlung bestätigt, die Grünfläche im Inneren des Quartiers zur Kirche hin offen zu lassen. Man hat dann aber anders entschieden, nachdem sich in der Bürgerschaft und im Stadtrat viele für die vollständige Erhaltung der Grünfläche ausgesprochen hatten (siehe S. 106).

An Oelßners Hof zwischen Nikolai- und Ritterstraße kann man sich heute noch ein Bild davon machen, wie 1990 fast alle Häuser aussahen: Viele hatten nur ein Notdach, die Fassaden bröckelten und einige, wie Barthels Hof oder die wertvollen Barockhäuser Katharinenstraße 19 und 21, waren richtig baufällig und teilweise zusammengebrochen. Doch Projektentwickler, Investoren und Immobilienmakler erkannten den Wert der Altbauten mit ihrer zentralen Lage und ihrer interessanten Architektur trotz der Baumängel, sie versuchten solche Anwesen zu erwerben und entwickelten Pläne für ihre Sanierung, Modernisierung und neue Nutzung. Oft scheiterten ihre Konzepte an den unklaren Eigentumsverhältnissen oder zu hohen Preisen.

In der Innenstadt zogen aber auch viele unbebaute Flächen die Investoren an, die hier ihr Geld in Neubauten anlegen wollten: das Areal voll erschlossen, mitten in der City! Diese Lagegunst hat schon sehr früh die Grundstückspreise bis auf westdeutsches Niveau in die Höhe getrieben: In einigen Fällen wurden mehr als 20 000 DM für den Quadratmeter bezahlt!

Die höchsten Preise lagen für zentral gelegene Innenstadtgrundstücke über 20 000 DM pro Quadratmeter, im Durchschnitt bei 9 000 bis 12 000 DM pro Quadratmeter innerhalb des Rings und bei 700 bis 8 000 DM pro Quadratmeter im Umkreis der Innenstadt. Aber auch in weniger zentralen Lagen wurden noch bis zu 3 000 DM pro Quadratmeter bezahlt. Inzwischen haben sich die Grundstückspreise auf einem niedrigeren Niveau eingepegelt, die ursprünglich bezahlten Preise belasten aber noch heute die Finanzierung und damit die Realisierung mancher Bauvorhaben.

Dagegen hemmten die vor allem in der Innenstadt oft ungeklärten Eigentumsverhältnisse den Investorenschwung.

Deshalb trifft man auch im Jahr 2000 immer noch auf brachliegende Grundstücke in hervorragender Lage, die sowohl aus städtebaulichen Gründen als auch wegen ihrer Lage im Einzelhandelsnetz dringend bebaut werden sollten: Die Straßenräume erhielten wieder ihre Wände, und die Lücken in der Folge von Geschäften und Schaufenstern würden geschlossen. Denn einer der Nachteile der heutigen Innenstadtstruktur sind die Lücken im Kontinuum der Schaufenster: Sie mindern die Anziehungskraft ebenso wie zu viele Bankfilialen (siehe S. 121). Zwischen Nikolaistraße und Reichsstraße, wo früher Deutrichs Hof stand; an der Ecke Grimmaische Straße/Neumarkt, wo nun Kaufhof baut; zwischen Markt, Thomas- und Klostergasse hinter dem ehemaligen Messeamt und rings um den Sachsenplatz, der nun bald wieder bebaut werden wird.

Ein Rundgang durch die Innenstadt

In einem Rundgang durch die Innenstadt, beginnend am Hauptbahnhof, sollen die Grundstücke und Gebäude, die in diesen Jahren einen Wandel erlebt haben oder für die wichtige Projekte bestehen, vorgestellt werden. Die Nummern auf der Karte und im Text sollen das Auffinden erleichtern.

1 *Hauptbahnhof* – 2 *Parkhotel* – 3 *Forum am Brühl* – 4 *Hotel Marriot* – 5 *Sachsenplatz* – 6 *Brühl* – 7 *Brühl/ Hainstraße* – 8 *Hainstraße* – 9 *Webers Hof und Barthels Hof* – 10 *Markt* – 11 *Barfußgässchen mit »Zigarre«, »Coffebaum«, »Lipsia-Haus«* – 12 *Trifugium* – 13 *Paulaner und Topas* – 14 *Haus Maquette* – 15 *Thomaskirche und Thomaskirchhof* – 16 *Peek & Cloppenburg* – 17 *Grönländer* – 18 *Thüringer Hof* – 19 *Bauwenshaus* – 20 *Burgplatz mit Petersbogen* – 21 *Dresdner Hof* – 22 *Städtisches Kaufhaus und Famulushaus* – 23 *Zentralmessepalast* – 24 *Specks Hof* – 25 *Hansahaus* – 26 *Riquethaus* – 27 *Alte Nikolaischule und Nikolaikirchhof* – 28 *Strohsack* – 29 *Augustusplatz*

1 Hauptbahnhof: Der Plan der Deutschen Bahn AG, den Hauptbahnhof im Zusammenhang mit einer gründlichen Instandsetzung im Inneren mit zusätzlichen kommerziellen Funktionen zu versehen, wurde im Prinzip begrüßt. Es gab aber bei der Stadtverwaltung und unter den Einzelhändlern Bedenken, ob ein Einkaufszentrum im Hauptbahnhof nicht die letzten Käufer aus der Innenstadt abziehen würde. Heute kann man feststellen, dass eher das Gegenteil eingetreten ist: Der Hauptbahnhof zieht neue Käuferschichten – nicht nur aus der Region – an, die von dort auch die nahegelegene City besuchen – er ist zu einer Attraktion für die ganze Innenstadt geworden. Dazu beigetragen hat, dass der gewaltige innere Umbau der Querhalle nach dem preisgekrönten Wettbewerbsentwurf der Architekten HPP in hoher architektonischer Qualität erfolgte (der Wettbewerb war eine Forderung des Baudezernats) und dass die Verkaufsfläche auf 30 000 Quadratmeter begrenzt blieb, also kein Vollwarenhaus im Hauptbahnhof vertreten ist. An die heftige Auseinandersetzung (1995) mit vielen Bürgern, die ihre Bedenken gegen ein mehrgeschossiges Parkhaus im Ostteil der großen Bahnsteighalle deutlich machten, sei erinnert. Nachdem es fertig ist und man erkennt, dass Architektur und Funktion des Bahnhofs nicht beeinträchtigt wurden, sind die kritischen Stimmen verstummt.

Der Hauptbahnhof in drei Phasen:
Links oben: 1990: groß, aber leer
Links unten: 1997: die riesige Baustelle im Bahnhof
Rechts: 1999: Reise- und Einkaufserlebnis auf drei Etagen
Bauherr: Deutsche Bank Immobilienfonds 7 mit ECE;
Architekten: HPP

2 Die Stadtkante gegenüber dem Hauptbahnhof wurde im Krieg großenteils zerstört. Übrig blieb der Eingang zur Nikolaistraße, auf der Ostseite flankiert durch das PARKHOTEL: 1990 noch schäbig und grau, zeigt es sich nach gründlicher Sanierung und teilweiser Erweiterung wieder mit allen Fenstern und dem Dach in seiner zurückhaltenden Eleganz.

Parkhotel Nikolaistraße / Ecke Richard-Wagner-Straße, erbaut 1912/13, Zustand um 1990

Zustand 1997; Bauherr: Hamburger SeaSide Gruppe, Architekten: Bartolitius + Partner, Gerlingen / Dresden und Planungsgruppe Quadrat, Henrik Frischgesell, Wiesbaden.

3 Daneben stand bis 1994 das Hotel »Stadt Leipzig«, ein Hotelneubau aus den Siebzigerjahren des Typs »Breitfuß«: über einem Flachbau mit Restaurant, Küche und anderen Funktionsräumen erhebt sich die Scheibe mit den Zimmern im Zweibundsystem. Dieser an sich nicht uninteressante Hotelbau fügte sich in keiner Weise in die städtebauliche Struktur der Innenstadt ein. Da er wohl auch andere Mängel aufwies, wurde er auf Antrag und im Auftrag der Interhotelgruppe abgebrochen und durch das »Forum am Brühl« ersetzt. Dieser große Baukomplex enthält zwei Hotels (Novotel und Ibis), mehrere Wohnungen, Läden und viele Büros. Der sechsgeschossige Neubau nimmt die historischen Baukanten auf und fügt sich gut in die Stadtstruktur ein, wobei besonders der neugeschaffene Durchgang vom Brühl zum Hauptbahnhof in Verlängerung der Ritterstraße gelobt wird, wogegen die zu eintönige und flache Fassadenausbildung nicht überzeugt.

4 Für das Grundstück am Hallischen Tor, auf dem der Neubau des Hotels Marriott zwischen Brühl und Richard-Wagner-Straße errichtet wurde, war schon 1990 ein Wettbewerb für ein Mövenpick-Hotel abgehalten worden, der aber wegen unklarer Eigentumsverhältnisse nicht zur Ausführung gelangte; als die geklärt waren, haben die neuen/alten Eigentümer ein interessantes Projekt durch einen jungen englischen Architekten erarbeiten lassen. Leider konnten sich die Erben danach untereinander nicht über die Realisierung einigen; deshalb klafft zwischen dem Hotelneubau und der Altbebauung an der Nikolaistraße noch immer eine ärgerliche Lücke.

5 Auf dem Sachsenplatz, bis zur Kriegszerstörung ein voll bebautes Stadtquartier, seit 1969 als Platzanlage gestaltet, stand bis zum Abriss 1999 der dreigeschossige Mehrzweckbau der »Leipzig Information«. Inzwischen haben die Bauarbeiten für das neue Museum der bildenden Künste begonnen, das im Jahr 2002 fertig gestellt werden soll. Wichtig im Sinne der Stadtstruktur ist, dass nicht nur der Museumsbau selbst im Inneren des Quartiers gebaut wird, sondern auch die ihn umgebenden Baukörper, die die historischen Baukanten aufnehmen (siehe Abb. S. 35 und S. 108).

Oben: Neubau des Hotels »Stadt Leipzig«, erbaut 1963 bis 1965; Architekt: M. Böhme und Kollektiv.
Unten: »Forum am Brühl«, erbaut 1994 bis 1996; Bauherr: Hotel Stadt Leipzig Grundstücksgesellschaft mbH, Berlin (Interhotelgruppe); Architekten: Steinebach + Weber, Berlin

6 Der westliche Abschnitt des BRÜHL wird heute bestimmt auf der Nordseite von den Wohnblocks in Plattenbauweise aus den Siebzigerjahren und der »Blechbüchse« des Kaufhauses Horten (siehe Heike Scheller, S. 107).

Brühl 10/12, »Wildschütz«: Umbau 1903 unter Verwendung älterer Bausubstanz; Architekten: Leopold und Stentzler, bauaufsichtlich gesperrt seit 1988 wegen Einsturzgefahr, Abbruch und Neubau 1996 bis 1997; Bauherr: Unirenova GmbH, Niederlassung Leipzig; Architekten: API, Neu-Isenburg und Humbeck Architekten, Leipzig

Die Häuserzeile der Südseite war als Kriegsfolge durch eine breite Baulücke unterbrochen. Sie ist seit 1994 durch zwei Neubauten von unterschiedlichen Bauherren und verschiedenen Architekten gefüllt. Die unterschiedlich gestalteten Häuser im historischen Parzellenschnitt bilden mit den benachbarten Altbauten eine stadtgestalterische Einheit.

Brühl 4-12, Zustand 1999: Die Baulücke ist geschlossen. Von links nach rechts: »Wildschütz« Brühl 10/12, Brühl 8: Architekten: RKW / Dr. Wagner, Brühl 6: Architekten: Göschel und Sziegoleit (siehe S. 107)

7 Die Straße findet ihren Abschluss im Eckhaus Brühl / Hainstraße, das im Krieg seinen Eckturm verloren hatte und auch sonst recht lieblos repariert worden war.

Nun ist der blickbestimmende Eckturm wieder aufgesetzt, das Dach rekonstruiert, und die Fassade hat mit ihren Fenstern wieder die richtigen Proportionen erhalten.

Brühl 4 / Ecke Hainstraße. Das 1899 bis 1900 erbaute Haus (Architekt: Max Pommer) war 1990 stark heruntergekommen.

Nach Umbau und Sanierung 1993 bis 1995; Bauherr: Lebensversicherung von 1871 a.G. München; Architekt: Vosch, Leipzig

Das Luftbild vom April 1998 wird begrenzt von der Katharinenstraße und vom Sachsenplatz am unteren Bildrand (das dunkle Dach mit den vielen Dachgauben ist das Fregehaus); daneben links der Markt (dort findet gerade ein Fest statt); darüber das ehemalige Messeamt (Flachdach) und die Handwerkerpassage (Plane vor der Fassade und teilweise offenes Dach), das Barfußgässchen verläuft nach oben zum Trifugium, wo von links die Klostergasse einmündet (an ihr links der Paulaner mit Innenhof).
Am Plätzchen um den Lipsiabrunnen (rot-weiße Schirme) mit dem Lipsia-Haus verzweigt sich die Straße in Barfußgässchen und Kleine Fleischergasse. In der linken oberen Bildecke erkennt man den Dittrichring. Oben verläuft waagerecht die Große Fleischergasse (das dunkle Gebäude ist das ehemalige Stasi-Bürogebäude, gegenüber (von links nach rechts) das Wohnhaus mit dem Zekiwa-Laden – jetzt Gaststätte – (ein neuer Dachstuhl wird aufgesetzt), das Antikhaus mit dunklem Dach und der Jägerhof, der sich durch den ganzen Block zieht bis zur Hainstraße.
Die rechte obere Ecke zeigt die noch nicht wieder endgültig bebaute Dreiecksfläche mit dem Verkaufsprovisorium an der Ecke Brühl. Von hier zieht sich die Hainstraße diagonal durch das Bild bis zum Markt. Auf der oberen (West-)Seite erkennt man neben dem großen Jägerhof mit drei Innenhöfen drei kleinere Gebäude mit den Hausnummern 13, 11 und 9. Links vom Kran (der mitten auf der Straße steht) der Neubau Hainstraße 7 (mit hellgrauem Dach) und den im Text beschriebenen Gebäuden Nr. 5, Nr. 3 (Webers Hof) und Barthels Hof Nr. 1 mit dem langgestreckten Innenhof. Die Ecke zum Barfußgässchen bildet das Haus Markt 9 mit der Szenekneipe »Spizz«, erkennbar an den vielen Stühlen und Tischen davor; rechts daneben die Marktnordseite, die im Text beschrieben wird.
Bemerkenswert ist die sehr dichte Bebauung vor allem zwischen Hainstraße und Katharinenstraße bzw. Sachsenplatz mit den schmalen und im Inneren verschachtelten Parzellen und Innenhöfen. An den roten und hellen Dächern erkennt man, dass die meisten Gebäude bereits saniert wurden.

Exkurs: Peter Lang: Gedanken eines Projektentwicklers zum Wandel in Leipzig

Als ich gebeten wurde, meine Gedanken für vorliegende Publikation niederzuschreiben, sagte ich spontan zu. Zu offensichtlich ist der Wandel Leipzigs in den letzten zehn Jahren. Aus der Fülle der Veränderungen, der Vielzahl bemerkenswerter Bauwerke und gesellschaftlicher Brüche eine Auswahl der für den Wandel markantesten Eckpunkte zu treffen, fiel mir nicht leicht. Für mich als »Zugezogenen« stellte sich nie die Frage, ob die Stadt zu retten sei.

Diese Frage, angesichts verfallender Bausubstanz 1989 in der oft zitierten Filmdokumentation gestellt, war aus Sicht derer, die den gesellschaftlichen Niedergang hautnah erlebten, gerechtfertigt. Mein Blick auf die Stadt war ein anderer. Ich war fasziniert von ihrer Geschichte, ihren Menschen. Leipzig war und ist ein Zukunftsmarkt mit hohem Potential. Für mich stand deshalb vielmehr die Frage nach der Zeit des Sichtbarwerdens erster Veränderungen. Ich vertraute den einhellig positiven Prognosen renommierter Wirtschaftsexperten. Die Dynamik, mit der Leipzig nach 1990 an beste Traditionen anknüpfte, gab ihnen recht. Die »Boomtown des Ostens« (FAZ) war geboren, zumindest verbal – mit allen, aus einer solch rasanten Entwicklung resultierenden Begleiterscheinungen und Rückschlägen. Die Stadt veränderte ihr Gesicht zusehends.

Zu dem Zeitpunkt, als sich mein Unternehmen in Leipzig zu etablieren begann, bescheinigte das Ifo-Institut München dem Osten »lukrative Marktnähe«, und Engel + Völkers attestierte der »Messestadt magnetisierende Wirkung auf Investoren«. Leipzigs Ruf als »Wachstumslokomotive« zog weltweit geballte Wirtschaftskraft an. Die Grundlagen für die heute ausgezeichnete Logistik, Telekommunikation und städtische Infrastruktur begann sich abzuzeichnen. Das kreative Klima, eine positive und offene Einstellung der Verwaltungsbehörden und das immense Interesse unserer Kunden an einer Investition am Standort Leipzig gaben letztendlich den Ausschlag für unsere Wahl. Damit war für uns als Immobilien-Projektentwickler ein reibungsloses Wirken möglich. Das Magazin »Stern« brachte es 1993 auf den Punkt: »Bauanträge werden in Leipzig dreimal schneller genehmigt als im Westen.« Wertvolle Zeit wurde gespart: Zeit für neue Vorhaben, Zeit, die Stadt urbaner zu gestalten. Doch nicht nur positive Schlagzeilen erinnere ich. Komplizierte Eigentumsverhältnisse waren oft hinderlich, kosteten Zeit und Geld. Investitionsfördernd hingegen wirkte sich das in den neuen Bundesländern geltende Investitionsvorranggesetz aus. Anfangs ungewohnt für Investoren aus den alten Bundesländern, gestaltete sich deren Umgang mit diesem Verfahren im Laufe der Zeit professionell, auch die Ämter für offene Vermögensfragen arbeiteten zunehmend zügig und förderten damit den Wandel in Leipzig.

Auch Leipzigs Hainstraße profitierte endlich von diesem Gesetz. Noch Mitte 1995 von bröckelnden Fassaden bestimmt, waren hier Investitionen bitter notwendig, um wertvolle Altbausubstanz einer alten Handelsstraße zu retten, einer Geschäftsstraße, deren Lebendigkeit immense Bedeutung für Leipzigs Stadtentwicklung besitzt.

»Den Wandel zeigen« – in kaum einer Straße ist er so augenfällig wie in dieser, war historische Altbausubstanz dem Verfall so permanent ausgesetzt. An die Renaissance der alten Handelsstraße glaubten nur wenige. Erst recht nicht nach dem Schneider-Intermezzo.

Aus heutiger Sicht fast unglaublich, vollzog sich die Wende fast explosionsartig, als Mitte 1996 auf acht Baustellen die Arbeiten gleichzeitig begannen. Schmutz, Lärm, geduldige Archäologen neben ungeduldigen Tiefbauern, akribisch aufpassende Denkmalpfleger neben genervten Bauherren, neugierige Passanten neben Baufahrzeugen – die Hainstraße schien im Chaos zu versinken. Doch nicht ganz: Der Stadtverwaltung gelang es, mit allen beteiligten Bauherren gemeinsam zu planen und zu koordinieren. Sogar auf einen gemeinsamen Werbeauftritt für die Zeit der Bauarbeiten konnte man sich einigen.

»Den Wandel zeigen« – schon 1997 lockten erste attraktive Läden in die Hainstraße. 1999 mit historischem Pflaster im Rahmen des Gestaltungskonzepts für den öffentlichen Raum zur Fußgängerzone umgestaltet, vollzog sich der Wandel zur meiner Meinung nach schönsten Straße Leipzigs.

»Den Wandel zeigen« – nicht immer vollzog er sich reibungslos. Manche für den Bauherrn unverständlichen Auflagen verzögerten vereinzelt Bauabläufe,

führten zu finanziellen Mehraufwendungen, ließen Bausubstanz weiter zerfallen. Denkmalschutzrechtliche Auflagen, wie das Beispiel der Sanierung der Hainstraße 8 als eines der wertvollsten Leipziger Kulturdenkmäler aus der Renaissance zeigt, forderten Bauherren, Denkmal- und Baugenehmigungsbehörde und Restauratoren gleichermaßen, Lösungen zu suchen, die eine Synthese zwischen Kulturdenkmal und moderner Nutzung zulassen. Dabei musste immer um Verständnis für die wirtschaftlichen und terminlichen Belange eines Bauherrn geworben werden, was zugegebenermaßen nicht ganz einfach war. Eines jedoch ist klar. Ohne die in den neuen Bundesländern bisher vorhandenen Fördermöglichkeiten und das Engagement aller Beteiligten wäre ein Bau- und Kunstdenkmal wie die Hainstraße 8 mit sehr viel mehr Aufwand, vielleicht aber auch gar nicht gerettet worden.

8 In der HAINSTRASSE stehen noch die ältesten Bürgerhäuser der Innenstadt. Sie wurden zwar im Laufe der Jahrhunderte immer wieder an- und umgebaut und dem jeweiligen Zeitgeschmack angepasst, haben aber ihren Maßstab und ihren Grundcharakter behalten. Denn an der Hainstraße sind manche baulichen Entwicklungen der Vergangenheit ohne gravierende Spuren vorbeigegangen. Hier wurde kein großes Messehaus gebaut, der Bombenkrieg hat kaum zerstört, und auch der Beschluss des Rates der Stadt von 1967, die Altbauten durch Plattenbauten zu ersetzen, wurde nicht realisiert. Dafür sind die Häuser in den DDR-Jahren unbeschreiblich heruntergekommen, so dass das Haus Hainstraße 6 1995 buchstäblich in sich zusammenbrach. Aber nun sind fast alle Gebäude wieder intakt, denkmalpflegerisch sorgsam betreut.
Am Beispiel der Hainstraße lässt sich eindrucksvoll der Wandel zeigen, der sich in den letzten Jahren baulich vollzogen hat: 1990 noch Ruinen, Baulücken und überall Verfall – 2000 fast alle Häuser saniert, eine Baulücke geschlossen, der Verfall fast völlig gestoppt. Nur die Spitze zwischen der Hainstraße und der Großen Fleischergasse hat noch nicht wieder ihre endgültige Bebauung gefunden, hier steht noch immer ein Provisorium aus der DDR-Zeit. Jürgen Schneider ist 1994 zu früh verschwunden! Denn damals war von ihm bereits der Architektenwettbewerb ausgeschrieben, der Entwürfe für eine Wiederbebauung des ehemaligen Tuchhallengrundstücks hätte erbringen sollen!

Die HAINSTRASSE 6, im ersten Drittel des 18. Jahrhunderts von Baumeister George Werner erbaut, dürfte das früheste Werk des bedeutenden Leipziger Baumeisters des Spätbarock sein. In das 1723 von ihm errichtete Haus bezog er vermutlich Teile des Vorgängerbaus ein, so dass fünf spätgotische, kunstvoll bemalte Holzbalkendecken über die Jahrhunderte erhalten blieben. Eine Besonderheit weist das Gebäude auf; die südliche Giebelwand aus dem 16. Jahrhundert dokumentiert die letzte erhaltene »Feuergasse« von Leipzig, eine zwischen zwei Giebelwänden befindliche Brandgasse. Der schmale Zwischenraum sollte bei Bränden die Ausbreitung der Flammen verhindern. Die kaum einen Meter breite Gasse ermöglichte den Kaminkehrern den Zugang zu Kaminen und Schornsteinen. Mit der aufwendig restaurierten und in das neue Gebäude einbezogenen historischen Giebelwand wurde in Leipzig eine überaus attraktive Rarität erhalten. Der Neubau entstand nach Originalvorlagen; die Fassade detailgetreu mit unterschiedlichen Fensterbank-, Gesims- und Brüstungsprofilen und mit Fenstern, deren Holzprofile den historischen Originalen gleichen.

Bis Ende der Siebzigerjahre bewohnt, verfiel das Haus danach zusehends, 1994 drohte es einzustürzen. In buchstäblich letzter Sekunde wurden die Holzbalkendecken gerettet. Behutsam restauriert, wurden sie in den Neubau integriert. Die Untersuchungen haben ergeben, dass die anfangs auf etwa 1700 datierten Decken schon um 1503 bis 1505 entstanden sind.

Hainstraße 8/6: Vor der Sanierung (1994)

Die HAINSTRASSE 8 ist eines der wenigen in Gänze erhaltenen Renaissance-Bürgerhäuser. 1542 bis 1550 als viergeschossiger Mauerwerkbau in einer Pfeiler-Bogen-Konstruktion mit Kelleranlage, Satteldach und einem im ersten Obergeschoss vorgeblendeten Erker errichtet, blieben bauzeitliche Raumstrukturen, kunstvoll bemalte Holzbalkendecken, Kapitelle, Gewände, Gewölbe und Nischen erhalten. Der Erker wurde 1703 von Bildhauer Johann Jacob Löbelt aufgestockt. 1711 erhielt der mit reichem Stuckwerk verzierte Kastenerker durch Zimmerermeister Weismantel sein endgültiges Aussehen, als er ihn bis zum dritten Obergeschoss erweiterte. Aus dieser Zeit – einer Blüteperiode Leipziger Bau- und Zimmermannskunst – sind barocke Raumstrukturen und die mit Stuck überformten Holzbalkendecken erhalten. Sorgfältige restauratorische Untersuchungen waren notwendig, um die historische Bausubstanz zu sichern, zu restaurieren und – wo notwendig – zu rekonstruieren.

Die Fassade erhielt ihre Fassung aus der Zeit des Barock zurück. Die profilierten Porphyrgewände mit marmorierter Oberfläche wurden detailgetreu restauriert, ebenso der Kastenerker, dessen künstlerische Stukkatur seinesgleichen sucht.

Eine der bauzeitlich kunstvoll bemalten Holzbalkendecken verblieb – behutsam restauriert – im Erkerzimmer des dritten Obergeschosses. Alle anderen Holzbalkendecken wurden unter den barocken Stuckdecken gesichert. Im Erdgeschoss vorhandene Gewölbedecken wurden teils restauriert, teils rekonstruiert. Die Gedenktafel für den russischen Dichter Aleksander Radischtschew, der als Student zeitweilig in der Hainstraße 8 wohnte, wird am restaurierten Gebäude angebracht (siehe S. 109).

Die Bauarbeiten sind in vollem Gange (1997)

2000: Bauherr: LANG Projektentwicklung; Architekt: Weis & Volkmann, Leipzig/ASP, Stuttgart

Total kriegszerstört, erhielt die HAINSTRASSE 7 eine moderne Ganzglasfassade, die das Gebäude zum Straßenraum optisch öffnet. Durch die großzügige dreigeschossige Halle, in der ein Glasaufzug die einzelnen Ebenen miteinander verbindet, wird das Verkaufsgeschehen von außen erlebbar. Die notwendigen Spannelemente gliedern die Glasfassade und nehmen Elemente der historischen Nachbarfassade auf. Diese mutige Architektur ist ein »Spagat, in einem bedeutenden historischen Umfeld auch der Moderne zu ihrem Recht zu verhelfen« – so Engelbert Lütke Daldrup anlässlich der Grundsteinlegung im Dezember 1996.

Der Neubau Hainstraße 7 wurde in die Baulücke eingefügt, und zwar in einer ganz modernen Form mit völlig verglaster Fassade, die sich aber sehr gut in die Abfolge von Altbauten aus verschiedenen Jahrhunderten einfügt. Nun ist in der Hainstraße jede Bauepoche mit ihrem eigenen Baustil vertreten, auch das Ende des 20. Jahrhunderts.

Linke Seite:
Kriegsbedingte Baulücke Hainstraße 7, Zustand 1987

Rechte Seite:
Die Baulücke ist geschlossen (1997). Bauherr: LANG Projektentwicklung GmbH; Architekten: RKW

Die Hainstrasse 5, das »Kleine Joachimsthal«, wurde nach historischen Vorlagen unter Verwendung geborgener Teile des Vorgängerbaus in enger Abstimmung mit dem Denkmalschutz wieder errichtet. Das Jugendstilgebäude war im Krieg zerstört und hernach nur notdürftig zusammengeflickt worden. Bis Baubeginn 1996 blieb es eine Ruine. Zur Erinnerung: NARVA hießen die Glühlampen aus DDR-Produktion.

1906 von Baumeister Johann Wetzold erbaut; Zustand 1988

Die rekonstruierte Fassade besteht aus 40 Zentimeter dicken Sandsteinblöcken, deren oberen Abschluss Merkur, drei Vasen und ein Frontispiz bilden. Der mit Kupferblech verkleidete Holzerker ist dem historischen Vorbild nachempfunden. An den Sandsteinpfeilern rechts und links der Fassade im Erdgeschoss fanden das restaurierte Bildnis Friedrich Schillers und vermutlich das seiner späteren Frau Charlotte von Lengefeld ihren angestammten Platz. Beide waren anlässlich des 100. Geburtstages Friedrich Schillers am »Kleinen Joachimsthal« angebracht worden. Dort logierte Friedrich Schiller mehrfach, bevor er hinaus nach Gohlis in die Menckestraße zog. Seinen Namen hat das »Kleine Joachimsthal« vermutlich nach der gleichnamigen Stadt in Böhmen, die durch die Erzförderung und -verarbeitung in enger Verbindung zu Leipzig stand. Das »Kleine Joachimsthal« gehörte im 18. Jahrhundert zu den bekanntesten Gaststätten Leipzigs. Heute verkauft hier ein schwedischer Filialist Textilien. In den oberen Etagen befinden sich Büros und Wohnungen.

1996 Rekonstruktion und Sanierung;
Bauherr: LANG Projektentwicklung GmbH

9 Webers Hof, Hainstrasse 3, erbaut 1662, wurde im 19. Jahrhundert umgebaut und bei dieser Gelegenheit um zwei volle Geschosse aufgestockt. Dabei wurde zwar der über das 1. und 2. Obergeschoss reichende Erker beibehalten, jedoch verschwand das für die Renaissance typische Frontispiz.

Bauzustand 1987. Die beiden Geschosse oberhalb des Erkers wurden im 19. Jahrhundert aufgesetzt.

Bei der notwendigen sehr gründlichen Renovierung wurde im Inneren eine bemalte Holzdecke aus der Zeit der Erbauung entdeckt. Sie ist restauriert und in das heutige Raumkonzept eingefügt worden. Im Äußeren konnte der Bauherr dafür gewonnen werden, die Fassade in den Zustand vor der Aufstockung zurückzuführen und das Frontispiz wiederherzustellen.

Die Fassade nach der Renovierung (1997) in der ursprünglichen Fassung des 17. Jahrhunderts mit wiederhergestelltem Frontispiz; Bauherr: Barthels Hof GmbH; Architekten: RKW, Düsseldorf/Leipzig

9 Barthels Hof: Er ist der letzte der Kaufmannshöfe, wie sie vor dem 20. Jahrhundert die Baustruktur der Leipziger Altstadt prägten: ein »Durchhaus« mit einer Durchfahrtsmöglichkeit von einer Straße zur anderen durch einen oder mehrere Höfe, in denen zu Messezeiten die Waren umgeschlagen wurden. Die Bausubstanz von Barthels Hof stammt im Wesentlichen aus der Barockzeit, wurde aber, ähnlich wie der angrenzende Webers Hof, im 19. Jahrhundert teils durch Neubauten bzw. Umbauten stark verändert. Dabei wurde der schöne Renaissance-Erker von der Straßenfront auf die Hofseite umgesetzt. Im 2. Weltkrieg nur wenig beschädigt, verfiel das Gebäude immer mehr, bis der Hof wegen Baufälligkeit gesperrt und die Gaststätte geschlossen werden musste. 1992 erwarb der Frankfurter Bauunternehmer Dr. Jürgen Schneider das Anwesen samt mehrerer Nachbargrundstücke zwischen Hainstraße und Barfußgässchen, um den ganzen Komplex zu sanieren und neuen Nutzungen zuzuführen. Er schrieb einen Wettbewerb unter deutschen und ausländischen Architekten aus, um die beste Lösung zu finden. In der ersten

Der Renaissance-Erker in Barthels Hof 1992

Nach der Sanierung 1996; Bauherr: Barthels Hof GmbH

Phase lagen der norwegische Architekt Nils Torp und das Düsseldorfer Büro RKW (Rhode, Kellermann, Wawrowski) an der Spitze, im zweiten Anlauf siegte RKW. Nach deren Plänen wurde sowohl die grundlegende Rekonstruktion wie auch die bauliche Sicherung und der teilweise Neubau nicht mehr standsicherer Bauteile durchgeführt. Als Schneider, der in Leipzig zwischen 1990 und 1993 etwa 60 Immobilien erworben hatte, um sie zu sanieren oder neu zu bebauen (darunter Mädlerpassage, Zentralmessepalast, Hotel Fürstenhof, Romanushaus, Steibs Hof) im April 1994 plötzlich verschwunden war und einen Schuldenberg von mehreren Milliarden Mark hinterlassen hatte, übernahmen die Hauptgläubiger – also die Banken – die Objekte, um sie selbst fertig zu stellen bzw. an andere Bauträger zu verkaufen. Barthels Hof wurde von der DG-Bank übernommen und zusammen mit Webers Hof in vorbildlicher Weise saniert. Auch die von Schneider eingeplante Kleinkunstbühne wurde fertig gestellt und wird vom »Theater fact« bespielt.

Nordwest-Ecke in Barthels Hof, Zustand 1992

Zustand 1996; Architekten: RKW Düsseldorf/Leipzig

10 Die Nordseite des Marktes hat seit 1990 ebenfalls einen baulichen Wandel durchgemacht. Dabei waren die vier Gebäude nicht so heruntergekommen wie viele andere. Der Denkmalpflege ist es zusammen mit den Eigentümern (einer Versicherung und der Sparkasse) gelungen, die historisch überlieferte lebendige Firstlinie mit dem »Seumeturm« wieder herzustellen. Sie war verloren gegangen, weil man die Dächer nach den Bombenschäden vereinfacht wieder aufgebaut hatte. Nachdem der Ausbau dieser großen Dachräume genehmigt war, wurden die Dächer heruntergenommen und völlig neu, aber in alter Form wieder aufgebaut (siehe S. 110).

Die Sparkasse als Eigentümer des Eckhauses Markt / Hainstraße 2 hat sich darüber hinaus vorbildlich verhalten, indem sie ihre Kassenfiliale, die immer zum Markt hin orientiert war, in die Hainstraße, also um die Ecke verlegt hat. Damit bestand die Möglichkeit, an der Marktplatzseite eine Gaststätte unterzubringen – eine echte Bereicherung dieser sonst recht langweiligen Marktplatzseite! Sie nennt sich »Weinstock« nach dem an dieser Wand schon seit 100 Jahren wachsenden Weinstock, aus dessen Trauben sogar Wein gekeltert wird.

Linke Seite:
Die Fassaden wurden renoviert, die Dächer so umgebaut, dass die historische Firstlinie wieder entstand.
Architekt: Lothar S. Zimmer, Worms

Rechte Seite:
Links: Das kleine Haus mit dem Zigarrengeschäft (ca. 200 Jahre alt, mit wesentlichen Veränderungen in der Folgezeit) wurde 1995 unter Erhaltung der Kellergewölbe abgebrochen. Rechts: Der Neubau nimmt Traufhöhe und Maßstab der Nachbargebäude auf und fügt sich mit seiner ganz modernen Architektur gut ein. Bauherr: GbR Niemann/Scholze, Köln; Architekt: AIP GmbH, G.R. Scholze, Düsseldorf/Leipzig

11 Barfussgässchen und Lipsiaplatz sind das Herzstück der neuen Leipziger Kneipenmeile, auch »Drallewatsch« genannt. Aber nicht nur die vielen Kneipen haben den Wandel erzeugt, sondern auch die Gebäude, die die Wände dieser Stadträume bilden:

Die »Zigarre« heißt eine kleine Bar im Barfußgässchen 10 nach dem früher hier ansässigen Tabakgeschäft in einem nur sechs Meter breiten Häuschen, das abgebrochen und durch einen Neubau ersetzt wurde, der sich trotz seines neumodischen Glasschlitzes gut in die historische Umgebung einfügt. Übrigens wurde die Ausstattung des früheren Tabakladens weitgehend wieder in die Bar integriert.

Der »Coffebaum« war immer schon eine Sehenswürdigkeit. Nun ist das 500 Jahre alte Gebäude gründlich saniert worden, was auch bitter nötig war, weil es zwischen 1992 und 1994 zwei Jahre leer stand und in dieser Zeit durch Wassereinbruch und anderes zusätzliche Schäden erlitt. Bund und Stadt hatten sich nicht über das Eigentum bzw. den Erwerb einigen können (eine Auswirkung des Vermögensgesetzes, über das an anderem Ort geschrieben wird). Jetzt ist der »Coffebaum« wieder schön – fast zu schön in seiner barocken weiß-goldenen Farbgebung!

Das »Lipsia-Haus« sieht heute wie alle anderen Gebäude am Plätzchen wieder schmuck und hell aus und enthält im Erdgeschoss ebenfalls eine Gaststätte, das »Kartoffelhaus Nr. 1«. Dass hier früher das Kino »Filmeck« war, wissen wahrscheinlich nicht mehr viele.

12 Beim »Trifugium« zwischen Klostergasse, Barfußgässchen und Dittrichring handelt es sich um einen großen Baukomplex, der eigentlich aus drei Gebäuden besteht – daher der Name.

Die Ecke zur Klostergasse zeichnet sich durch Großzügigkeit in den Maßstäben und eigenwillige Jugendstilelemente in der Fassadengestaltung aus.

Trifugium, Barfußgässchen 11, 13, 15; erbaut 1904 bis 1906; Architekt: Arthur Hänsch und Maurermeister Conrad. Oben: Zustand bis 1994: Das Dach fehlt, die Fassade bröckelt. Unten: Sanierung und Wiederaufbau 1995/96; Bauherr: Carl Herzog von Württemberg (Hofkammer Projektentwicklung GmbH, Friedrichshafen); Architekten: EMW (Eller, Meier, Walter und Partner), Düsseldorf/Leipzig

Vor der Instandsetzung fehlte das Dach, und die Ecke am Dittrichring war nur noch im Erdgeschoss vorhanden. Die Bauherren wollten diese Ecke zuerst durch einen Glaskubus ergänzen, ließen sich aber überzeugen, die Gebäude im alten Stil in Sandstein wieder herzustellen.

Dittrichring/Ecke Barfußgässchen. In der Kriegsruine war bis 1991 das Wettbüro untergebracht.

Zustand nach dem Wiederaufbau 1998

PAULANER

Paulaner, Klostergasse 3 und 5: Nr. 3 erbaut 1863, seit 1911 Restaurant Paulaner; Nr. 5 (»Altes Kloster«) erbaut 1753 bis 1755; Architekt: George Werner; Sanierung des Ensembles 1991 bis 1993; Bauherr: Deutsche Hausbau GmbH, Frankfurt/Main (Tochter der Schörghuber-Gruppe, München); Architekten: Scheffler und Warschauer, Frankfurt/Main und Hüne-Rau-Rose, Leipzig

Linke Seite:
Zustand 1990 (oben) und nach der Sanierung 1994 (unten), am linken Bildrand das ehemalige Topas-Kaufhaus, jetzt Commerzbank, erbaut 1902 bis 1904; Architekten: Schmidt & Johlige, Leipzig; Sanierung 1993/94; Architekturbüro: Lambrecht, Berlin

Rechte Seite:
Links: Der Innenhof 1988: Hinterhofatmosphäre – ein Netz schützt die Passanten vor herabfallenden Ziegeln.
Rechts: 1995 nach der Sanierung

13 Paulaner: Hier waren die Eigentumsverhältnisse klar: Das Anwesen, das Alte Kloster aus dem 18. Jahrhundert, gehörte auch in der DDR-Zeit der Münchner Paulaner Brauerei; deshalb wurde es auch als erstes nach der Wende gründlich saniert und im Äußeren weitgehend in den ursprünglichen Barockzustand versetzt, die Gaststätte aber völlig neu eingerichtet. Manche Leipziger vermissen das Kellerlokal in den tiefen Gewölbekellern. Dafür ist der schöne Innenhof wieder benutzbar. Hier wird im Sommer Theater gespielt.

Topas-Kaufhaus, jetzt Commerzbank an der Thomaskirche. Der Frankfurter Eigentümer ließ das prächtig verzierte Jugendstilgebäude denkmalgerecht restaurieren. Die Vergoldung wurde aufgrund von Befunden von der Denkmalpflege vorgeschlagen. Die Commerzbank, die dort nur Mieter ist, war darüber nicht sehr erfreut, weil ihr dies zu protzig vorkam! Bedauerlich, dass die Funktion als Bekleidungshaus, die es schon vor der DDR-Zeit hatte, aufgegeben und durch eine Bankfiliale ersetzt wurde – alle Bemühungen des Planungsdezernats um eine Fortsetzung der alten Nutzung scheiterten – wahrscheinlich letztlich am Mietpreis.

Marktgalerie soll ein Neubau heißen, der auf der leeren Fläche zwischen der Klostergasse und dem ehemaligen Messeamt entstehen soll. Für diese große Lücke wurde schon 1990 von einem bayerischen Bauträger auf Vorschlag der Stadt ein Wettbewerb ausgeschrieben, an dem sich nur Arbeitsgemeinschaften von Leipziger und westdeutschen Architekten beteiligen durften. Leider stellten sich nach der Auswertung unklare Vermögensfragen heraus, so dass das Projekt nicht zur Ausführung kam.
Als fünf Jahre später die Eigentumsfragen geklärt waren und ein neuer Wettbewerb ausgeschrieben wurde (diesmal mit internationaler Beteiligung und auch unter Einbeziehung des Messeamts), scheiterte die Umsetzung an der Finanzierung. Das ist deshalb besonders bedauerlich, weil diese Ecke für eine bessere Verknüpfung der Geschäftsstraßen Peters-, Grimmaische und Hainstraße wichtig ist, vor allem aber, weil dann das Messeamtsgebäude mit seiner unmaßstäblichen Rasterfassade verschwinden würde. (Berichte von 1999 über einen neuen Bauinteressenten lassen auf baldige Realisierung hoffen; siehe auch S. 108.)

14 Das Haus Maquette an der Petersstraße verdeckt die hässliche Hinterhauswand, die bis 1997 den südlichen Abschluss der Grünanlage an der Thomaskirche bildete. Dass man bezüglich der städtebaulichen Gestaltung dieses Grünplatzes unterschiedlicher Auffassung sein kann, wird an anderer Stelle ausgeführt. Der in sich etwas gegliederte und auf die Situation eingehende Baukörper gibt dem ebenfalls neu gestalteten Platz eine angemessene Fassade (siehe auch S. 107).

Oben: 1990: Hinterhoffassade, durch Bäume teils verdeckt.
Unten: Petersstraße 10-14, Haus Maquette: Neubau (1996 bis 1998); Bauherren: GbR Investorengemeinschaft Petersstraße, vertreten durch Peter Krüger, München; Architekt: Friedrich Gildemeier, Essen

15 Auch die THOMASKIRCHE hat sich im Äußeren wie im Inneren gewandelt, obwohl sie in DDR-Zeiten in relativ gutem Zustand gehalten wurde, dank Geldspenden der westdeutschen evangelischen Kirche. Aber von außen sah sie so dunkelgrau aus, wie damals die ganze Stadt, und im Inneren haben sich viele Schäden erst gezeigt, als man Mitte der Neunzigerjahre an eine gründliche Sanierung ging.

Am THOMASKIRCHHOF, gegenüber von Seffners Bach-Denkmal, gab es 1990 bereits zwei Cafés; das »Bachstüb'l« und das »Concerto« – beliebte Treffpunkte, z. B. nach der Motette am Freitag und Samstag Nachmittag. Inzwischen ist das Angebot gewachsen mit »Johann S.« und der »Central-Apotheke«. So hieß die von Willmar Schwabe 1836 eröffnete Apotheke, in der ausschließlich die von Samuel Hahnemann entwickelten homöopathischen Arzneimittel hergestellt und verkauft wurden. Sie war also eine der ältesten homöopathischen Apotheken der Welt. Sie musste wegen einer Bestimmung im Einigungsvertrag schließen, weil sie bis 1995 nicht privatisiert wurde. Nun kann man dort Kaffee trinken statt Pillen kaufen oder auch das kleine Apotheken-Museum besuchen, das im Obergeschoss eingerichtet ist und insbesondere über die Homöopathie informiert.

1994: Die Thomaskirche ist noch schwarz und unsaniert, doch die ersten Gerüste stehen und lassen hoffen ...

1999: Während der Sanierung, die im Sommer 2000 zum 250. Todestag Johann Sebastian Bachs vollendet ist

16 Das Haus Peek & Cloppenburg ist (bisher) der bedeutendste Neubau in der Innenstadt. Es füllt die Lücken am Preußergässchen, wo vorher ein Gemüsemarkt und ein Biergarten waren. Der Entwurf wurde bei einem Wettbewerb von 1992 wegen seiner intelligenten Fassaden- und Arkadenlösung prämiert (siehe S. 108).

Petersstraße 1990: Die Baulücke vor dem Centrum-Warenhaus ist zu erkennen.

Der Neubau von Peek & Cloppenburg; Architekt: Charles Moore, Sta. Monica, USA

17 Der Grönländer ist das letzte Barockhaus in der südlichen Innenstadt (erbaut um 1750). Es war 1990 in einem jämmerlichen Zustand: innen völlig verbaut, das Dach mehrfach notdürftig geflickt, die Fassade und die Fenster total kaputt. Damit die Passanten nicht von herabstürzenden Gesims- oder Dachteilen erschlagen wurden, war ein großes Stahlgerüst quer über die Petersstraße gebaut worden.

Nun zeigt sich das Äußere wieder in einem denkmalgerechten Zustand, und selbst der Innenhof aus der Barockzeit ist wieder zu sehen, wenn auch durch ein Glasdach vom Schuhgeschäft aus!

Morbider Charme der Dachaufbauten

Grönländer, Zustand 1990

Nach der Sanierung 1996; Bauherr: Peter Krüger, München; Architekt: Gildemeier, Essen

18 Der traditionsreiche THÜRINGER HOF war im Krieg total zerstört und danach unter Verwendung einiger Bauteile nur zweigeschossig wieder aufgebaut worden. Beim endgültigen Wiederaufbau in diesen Jahren hat man sich um eine Lösung bemüht, die an das historische Gebäude erinnert, ohne eine Imitation zu sein (siehe S. 109).

Linke Seite:
Thüringer Hof: Oben der teilweise Wiederaufbau nach dem Krieg, Zustand 1988;
Unten: Neubau 1998; Architekt: Alexander von Branca, München (kleines Bild: Detail, nach der Renovierung)

Rechte Seite:
Die Burgplatzgarage ist fertig, der Burgplatz neu gestaltet; die Mauern der Pleißenburg sind im Pflaster durch dunkle Steine markiert. Links das Bauwenshaus, rechts die Baugrube des »Petersbogens«/»Juridicum-Passage«

19 Das »Bauwenshaus« wurde 1992 als erstes Projekt aus dem Burgplatzkonzept realisiert. Das Gebäude liegt zwischen Schul-, Markgrafen-, Burgstraße und Burgplatz. Bei dem Bauwenshaus handelt es sich um ein Büro- und Geschäftshaus mit Tiefgarage. Im Erdgeschoss und im ersten Obergeschoss befinden sich Läden und ein Café zum Burgplatz. Das zweite bis vierte Obergeschoss, Dachgeschoss und Galeriegeschoss sind für Büronutzung vorgesehen. Die Ladenflächen, einschließlich Café, betragen 2 175 Quadratmeter. Die Bürofläche beträgt 4 950 Quadratmeter. Architektonisch wichtige Gestaltungs-, Gliederungs- und Fassadenelemente, wie Trauf- und Firsthöhe, Markisen über dem Erdgeschoss, typisches Leipziger Fenster (dreiteilig, Mittelteil gerade, Seitenflügel schräg und nach innen gestellt), als auch die Materialwahl nehmen mit modernen Gestaltungselementen Bezug auf das (im Krieg durch Bombentreffer schwer beschädigte und später abgerissene) Haus Teiche, das an dieser Stelle stand und alte Leipziger Stilelemente aufwies. Gleichwohl erhielt das Gebäude seinen eigenen, unverwechselbaren Charakter und setzt die Tradition der Leipziger Geschäftshäuser eigenständig fort.

Erst 1995 ging es am Burgplatz weiter. Der Stuttgarter Bauträger Kemmler begann mit dem Bau der Tiefgarage unter dem Burgplatz und ihrer Zufahrt in der Lotterstraße. Dabei wurden unter dem Platz Mauerreste der Pleißenburg freigelegt – die Archäologen beschäftigten sich ausführlich damit. Im Pflaster des neu gestalteten Burgplatzes sind durch schwarze Steine die Mauern im Grundriss dargestellt.

Die Archäologen bekommen bei allen Neubauvorhaben in der Altstadt das Recht, vor Beginn der eigentlichen Bauarbeiten den Untergrund zu erforschen. Die Landesarchäologin Judith Oexle schließt mit allen Bauherren eine Vereinbarung ab, nach der die Archäologen für ihre Grabungen einen Vorlauf von etwa einem halben Jahr und einen beachtlichen Zuschuss dafür gewährt bekommen, dass das Archäologische Landesamt die Neubebauung genehmigt; denn die ganze Altstadt ist »Grabungsschutzgebiet«. Deshalb benötigen alle Erdarbeiten eine besondere Zustimmung der Landesbehörde!

1995: Die Mauerreste der Pleißenburg kamen bei den Erdarbeiten für die Burgplatzgarage zu Tage.

20 Der BURGPLATZ hat in diesem ganzen Wiederaufbauprozess seine eigene Geschichte. Er ist in seiner jetzigen Form erst mit dem Bau des Neuen Rathauses um das Jahr 1900 entstanden, als man die Pleißenburg abgebrochen hat. Ihre stadtseitige Mauer verlief mitten über den heutigen Burgplatz. Hugo Licht hatte den Rathausneubau bewusst zurückgesetzt und damit den Burgplatz in seiner rechteckigen Form erst geschaffen. Er war der einzige neu gestaltete Stadtplatz in der Altstadt seit dem Mittelalter, bevor 1969 der Sachsenplatz angelegt wurde. Im 2. Weltkrieg wurden alle platzbegrenzenden Gebäude mit Ausnahme von Rathaus und Stadthaus zerstört; bis 1990 war der Burgplatz von Brachflächen umgeben und wurde als Parkplatz genutzt. Ein Entwurf des Düsseldorfer Architektenbüros HPP unter Gerd Heise von Anfang 1990, im Auftrag der DGI, einer Tochter der Deutschen Bank, erarbeitet, sah die Wiederherstellung der Gebäude um den Platz und die Bebauung der Brachflächen bis zur Petersstraße vor, alles durchzogen von Passagen. Die Schlossgasse sollte in den Komplex einbezogen und mit einer Glastonne überdacht werden. Dieses großzügige Konzept ist bis heute die Grundlage für alle Baumaßnahmen um den Burgplatz. Es wurde im Frühjahr 1990 als eines der ersten Großprojekte bei der Stadt vorgelegt. Wir waren begeistert von dieser Idee und hofften auf einen baldigen Baubeginn. Aber auch hier waren zuerst Grundstücksfragen zu klären. Zwar ging es nicht um Restitutionsansprüche, aber die Eigentümer lebten überall auf der Welt. Und mit der Universität gab es Auseinandersetzungen um das von ihr beanspruchte Juridicum-Grundstück, die sich bis in die Gegenwart hinzogen. Als erstes Teilprojekt wurde 1992 das Bauwenshaus gebaut (siehe S. 69), ab 1995 die Tiefgarage.

Die Bauarbeiten an der Garage blieben aber stecken – und damit war der Burgplatz jahrelang ein riesiges Loch! –, weil Kemmler für den Anbau an das Merkur-Haus (C & A) keine Mieter oder Käufer fand und deshalb die Finanzierung nicht

Das Burgplatzareal um 1980: Außer Rathaus und Stadthaus grenzt kein Gebäude an den Burgplatz, der als Parkplatz genutzt wird. Im Vordergrund rechts ist die große Baulücke bis zur Petersstraße mit Verkaufsbuden zu sehen. Auf dem von Büschen umgebenen Platz rechts steht heute das Bauwenshaus, dahinter das Lipanum und der Schornstein des VEB Drahtchemie.

zustande kam. Als ab 1997 der britische Baukonzern AMEC das Gelände zwischen Petersstraße und Schlossgarage übernahm, bedurfte es noch der Abstimmung mit Kemmler wegen der Mitfinanzierung der Burgplatzgarage und mit der Universität wegen Einbeziehung des Juridicums in den Baukomplex, bevor es endgültig losgehen konnte. Diese Einigung kam 1999 zustande, so dass die Garage endlich fertig gebaut und der Burgplatz endgültig gestaltet wurde. Es bleibt zu hoffen, dass sich bald Nutzer für das letzte Grundstück finden, damit dieses wichtige Vorhaben zu Ende geführt und eine große Lücke im Stadtbild endlich geschlossen werden kann. Eine andere Lücke ist bisher immer noch offen (wenn auch derzeit mit Containerpavillons provisorisch genutzt): das Erweiterungsgelände des Karstadt-Warenhauses. 1991 wurde auch hierfür schon ein Wettbewerb ausgeschrieben, den die Architekten RKW mit einem sehr schönen Entwurf gewannen, der die Gliederungen des Altbaus aufnahm, sie aber in sehr moderner Form weiterentwickelte. Bedauerlicherweise wurde er bis heute nicht realisiert, obwohl nach vielen Beratungen zwischen Bauherr und Stadt eine Lösung auch über eine unterirdische Zufahrt und vieles mehr erreicht und eine Baugenehmigung erteilt worden war. (Dabei hätte das Karstadt-Haus, das äußerlich und im Inneren noch sehr an das Centrum-Warenhaus der DDR-Zeit erinnert, eine Auffrischung dringend nötig, um im Wettstreit mit vielen neuen Geschäften bestehen zu können!)

21 Am Dresdner Hof dagegen tut sich was: Dieses Messehaus von 1910 wird 1999/2000 zu einer Seniorenresidenz umgebaut und dabei gründlich instand gesetzt. Jahrelang hatte es leer gestanden und verfiel immer mehr. Zum Schluss war nur noch der »Academixer-Keller« in Betrieb, nachdem die frühere »Kalinin-Mensa« schon 1990 und das berühmte Kino »Casino« 1994 geschlossen worden waren.

Das Burgplatzareal 1995: Das Bauwenshaus (rechts, Bildmitte) ist vollendet, die Burgplatzgarage wird gebaut, das Lipanum (dahinter) ist saniert, das Neue Rathaus hat ein neues Dach, der Anbau an die Deutsche Bank ist fertig, das Klingerhaus (vorne links) wird gerade instand gesetzt.

22 Städtisches Kaufhaus: Dieses Gebäude im neobarocken Stil wurde um 1900 unter Stadtbaurat Hugo Licht nach den Plänen der Architekten Kober, Möller und Rayher als erstes Messehaus an Stelle mehrerer älterer Gebäude, unter denen auch das alte Gewandhaus war, neu umgebaut. Es wurde im Bombenkrieg schwer beschädigt und in den Jahren 1948 bis 1956 nur teilweise wiederaufgebaut und mit einer Verkleidung versehen. Mit dem Wiederaufbau des völlig zerstörten nördlichen Bauteils als Messehaus wurde 1988 begonnen, äußerlich entsprechend den Plänen von Licht. Die Arbeiten blieben aber im Rohbau stecken, und erst 1996 wurde das Gebäude, zusammen mit einer Sanierung und teilweisen Veränderung des Altbestandes, fertig gestellt, nachdem das Anwesen 1993 von einem privaten Investor von der Messegesellschaft erworben worden war (siehe S. 109).

Städtisches Kaufhaus, Neumarkt 9-19 (Nordwestecke), erbaut 1893 bis 1901 unter Stadtbaurat Hugo Licht. Oben: 1987: Die Plattenverkleidung der Ruine wird entfernt. Unten: Sanierung und Umbau 1994 bis 1996; Bauherr: Anno August Jagdfeld, Aachen; Architekten: OFFIS-Architekten, Aachen

Das »Famulushaus«, ein Büroneubau Ecke Universitätsstraße / Gewandgässchen zeigt ein eigenständiges Gesicht, wird aber erst dann in die Stadtstruktur eingebunden, wenn der soeben begonnene Neubau eines Kaufhof-Warenhauses steht.
Dieses Projekt an der Ecke Grimmaische Straße/Neumarkt war 1991/92 im Planungsbeirat umstritten, als der Rahmenplan für die Innenstadt beraten wurde: Man wollte die kleinteilige Parzellenstruktur wo immer möglich erhalten, ein Voll-Kaufhaus lässt das nicht zu. Da in der Zeit der fortwährenden Beratungen die gesamten Parzellen von Kaufhof zusammengekauft worden waren, hat man sich den Fakten gebeugt und den Widerstand aufgegeben – auch deshalb, weil die Konkurrenz auf der grünen Wiese immer stärker wurde. Der geforderte Wettbewerb wurde 1994 durchgeführt, aber dann ging es auch hier nicht weiter. Stellplatzfragen, eine unterirdische Anlieferung mittels Erschließungstunnel und die Erwartung, dass ein Passagenkreuz das Erdgeschoss durchziehen und Tag und Nacht offen sein sollte, musste mit den Verantwortlichen von Kaufhof beraten werden. 1997 wurde endlich die Baugenehmigung erteilt. Aber wieder tat sich nichts – bis 1999 tatsächlich die Bauarbeiten begannen. Damit wird eine weitere große Lücke in der City geschlossen und ihre Attraktivität merklich erhöht.

Eine Lücke besteht vorerst noch gegenüber am Neumarkt, zwischen Mädlerpassage und Zentralmessepalast. Sicher werden sich dafür Interessenten finden, wenn Kaufhof geöffnet hat und neue Kundenströme hierher gelenkt werden. Im Städtebau muss man Geduld haben – nicht alles geht auf einmal, wie sich aus einigen der beschriebenen Beispiele ablesen lässt!

Die Mädlerpassage ist weiterhin die Nobeladresse von Leipzig. Sie war es auch in der DDR. Jürgen Schneider hat sich um eine Sanierung bemüht, die seine Nachfolger vollendet haben, wobei z. B. die Küche für Auerbachs Keller vom vierten Obergeschoss in den Keller neben das Lokal verlegt und die zugebauten Übergänge im Obergeschoss wieder geöffnet wurden.

Oben: Städtisches Kaufhaus, Ostseite, 1997, daneben das Famulushaus: Traufhöhe und Dachstruktur wurden übernommen, aber frei und eigenständig weiterentwickelt; Architekten: Appel, Behzadi, Bohne
Unten: Städtisches Kaufhaus 1999: Links die Rückseite des Famulushauses, im Vordergrund die Erdarbeiten für den Erweiterungsbau des Kaufhof-Warenhauses. Die Archäologen sind am Werk. Rechts: Zentralmessepalast, daneben noch eine Baulücke

23 Der Zentralmessepalast hat seit Kriegsende ein seltsames Schicksal erlebt. Im Krieg ausgebrannt, wurde er bald in der alten Gestalt wieder aufgebaut und diente als Messehaus bis 1991, wurde von Schneider erworben, der ihn zum Bürohaus machen wollte, wie auch seine Nachfolger. Bei den Bauvorbereitungen stellte sich heraus, dass die Standsicherheit der Konstruktion durch den Brand im Krieg eingeschränkt war. Deshalb musste einer völligen Entkernung zugestimmt werden, was zwar auf Kritik bei Architekten und Denkmalpflegern stieß, aber notwendig war. Die schwere Steinfassade hing monatelang an einem riesigen Stahlgerüst, das Neumarkt und Grimmaische Straße zur Hälfte in Anspruch nahm. Währenddessen wurden dahinter eine Tiefgarage und darüber alle Geschossdecken mit einem großen runden Loch in der Mitte eingebaut. Die geretteten Steinfassaden wurden wieder angehängt und sorgfältig restauriert, die Nachkriegsfassaden in zwei Lücken allerdings in Stahl und Glas neu gestaltet: Die Prozedur war 1999 beendet, ein großes Sportgeschäft zog ein und daneben das »Zeitgeschichtliche Forum Leipzig« Stiftung Haus der Geschichte der Bundesrepublik Deutschland, das sich mit der Geschichte der DDR und besonders ihres Endes auseinandersetzt. Es wurde am 9. Oktober 1999, dem 10. Jahrestag der großen Leipziger Demonstration, durch Bundeskanzler Gerhard Schröder eröffnet: auch ein Wandel in Funktion und Form eines Gebäudes!

24 Specks Hof war ein Messehaus, das sich immer in Privatbesitz befand und deshalb bald nach der Wende an Investoren verkauft wurde, die es zum Bürohaus umnutzen, zugleich aber das im Krieg zerstörte Dach wieder aufbauen und Fassade und Ladenpassage denkmalgerecht renovieren wollten, was auch sehr gut gelungen ist. Zeitweise geriet Specks Hof in eine fast bundesweite Diskussion, weil die Bauherren die für die Büronutzung zu engen Innenhöfe aufweiten und dabei in denkmalgeschützte Bauteile eingreifen wollten. Schließlich wurde mit weitgehender Erhaltung und Restaurierung der ursprünglichen Passagenausstattung bis hin zur Schaufensteranlage, jedoch Aufweitung des östlichen Innenhofs ein guter Kompromiss gefunden. Mit der von drei Künstlern ausgeführten Neugestaltung ist Specks Hof eine Touristenattraktion.

Linke Seite:
Zentralmessepalast, Grimmaische Straße 6-16/ Neumarkt, erbaut 1912 bis 1914; Architekt: Emil Franz Hänsel, Leipzig. Umbau 1996 bis 1999; Bauherr: ZMP Zentral-Messe-Palast Entwicklung, Leipzig. Während der Bauzeit hing die Steinfassade am Stahlgerüst. Architekt: Bader Projektplanung GmbH, Krefeld. Rechts im Bild der Eingang zum »Zeitgeschichtlichen Forum Leipzig«

Rechte Seite:
Specks Hof, erbaut 1908 bis 1928 in drei Etappen; Architekt: Emil Franz Hänsel, Leipzig.
Oben: 1980: ohne Dach, die Fassade ist schadhaft und deshalb mit einem Schutzgerüst versehen.
Unten: Sanierung und Umbau 1993 bis 1995; Bauherr: Bilfinger + Berger und Rendata Projektentwicklung GmbH; Architekten: RKW, Düsseldorf/Leipzig. 1998: Die Fassade ist restauriert, das Dach hat wieder seine ursprüngliche Form.

25 Das HANSAHAUS an der Grimmaischen Straße, im Krieg weitgehend zerstört, wurde als erstes Messehaus im Stil der Fünfzigerjahre mit einer schlichten Fassade wieder aufgebaut. Die Tragestruktur war ähnlich wie beim Zentralmessepalast schlecht und für heutige Anforderungen nicht ausreichend. Deshalb wurde auch hier ein Abbruch und Wiederaufbau vorgesehen. Dagegen erhob sich auch kein Widerstand unter den kritischen Architekten, jedoch gegen den Abriss des keramikverkleideten Innenhofes, der den Krieg nur leicht beschädigt überstanden hatte. Schließlich wurde ein Neubau in alter Form, aber mit neuem Material akzeptiert. Der Innenhof ist sehenswert wie auch die neu geschaffene Fassade an der Grimmaischen Straße mit dem großen Dachschwung, der an ehemalige Jugendstilelemente erinnert. Die Passagen von Specks Hof und Hansahaus sind miteinander verbunden.

Linke Seite:
Das Hansahaus in der Grimmaischen Straße 13/15; Wiederaufbau nach Kriegszerstörung 1958/59; Architekt: R. Rohrer.
Links: Zustand kurz vor dem Abriss 1994.
Rechts: Neubau 1995/1996; Bauherr: Grundstücksgesellschaft Specks Hof GbR; Architekten: RKW, Düsseldorf/Leipzig

Rechte Seite:
Innenhof des Hansahauses mit laserstrahlgesteuerter Kunstuhr von Peter Schnabel, Klinga, auf dem Fußboden

26 Das Riquet-Haus zwischen Reichsstraße, Schuhmachergässchen und Nikolaistraße ist sozusagen der übrig gebliebene Eckzahn, denn alle anderen Gebäude dieses früher voll bebauten Quartiers sind im Krieg verloren gegangen.
Das Riquet-Haus wurde erhalten und nach 1990 renoviert. Dabei hat es seine lustige Turmspitze mit Laternchen wiedererhalten, und das ehemalige Kaffeegeschäft ist zu einem beliebten Caféhaus geworden. Wer denkt noch daran, dass hier bis zur Wende Porzellan verkauft wurde und die Jugendstilausstattung der Wände hinter der Verschalung versteckt war?

Riquet-Haus, Schuhmachergässchen 1/3, erbaut 1908/09; Architekt: Paul Lange. Zustand 1986: ohne Dach und ohne Turm, rechts im Bild Specks Hof, unsaniert, und der eingerüstete Turm der Nikolaikirche

Für die benachbarte Stadtbrache wurde 1995 durch einen Architektenwettbewerb die beste Lösung für die Wiederbebauung mit einem Baukomplex gesucht, der Läden, Büros, Wohnungen und ein Kinocenter enthalten sollte, in den aber auch die vom Renaissancegebäude Deutrichs Hof geborgenen Fassadenteile eingebaut werden sollten. Der erste Preis ging an Volkwin Marg, den Architekten der Neuen Messe. Leider wurde das Projekt bisher nicht weiter verfolgt – es würde eine wichtige Lücke in der Städtebau- und Einzelhandelsstruktur schließen.

Sanierung 1994/95; Bauherr: Aachener Grundvermögen Kapitalanlage GmbH, Köln; Architekt: Knut Bienhaus, Köln. Zustand 1998: Das chinesische Türmchen markiert wieder die Ecke.

27 Die ALTE NIKOLAISCHULE gehört der Stadt Leipzig, die sie der Kulturstiftung Leipzig, einer Bürgerinitiative, übertragen hat. Mit Hilfe einer Stiftung der Stadt Frankfurt/Main von neun Millionen DM konnte das Gebäude sehr gründlich und vorbildlich restauriert werden, soweit es die noch vorhandene Bausubstanz betraf. Dagegen wurde auf Vorschlag der Architekten Storch-Ehlers-Sudau, Hannover/Leipzig, der zusammengebrochene Hofbereich mit dem Treppenhaus durch eine sehr moderne Halle mit einer Sichtbetonwand sowie Stahltreppen und -galerien unter einem Glasdach ersetzt. Das ehemalige Schulgebäude aus dem 16. Jahrhundert, in das einst Leibniz und Richard Wagner zur Schule gingen, enthält außer dem Kulturcafé und der historischen Aula die Antikensammlung der Universität und die Gerätesammlung zur Geschichte der Automatisierungstechnik der Technischen Hochschule.

Linke Seite:
Oben: Alte Nikolaischule noch bis 1992: Grau und verfallen. Kernbau von 1512, in Etappen erweitert, jetzige Gestalt von 1738.
Unten: Nach der Sanierung (1993 bis 1995) ist der Nikolaikirchhof autofrei und neu gestaltet, die Baulücke durch den »Strohsack« geschlossen. Bauherr: Kulturstiftung Leipzig; Architekten: Storch-Ehlers-Sudau, Hannover/Leipzig, Restaurierung: Sabine Schneider-Hocquel

Rechte Seite:
Oben: Nikolaikirchhof 1992: Der Platz wird zum Parken genutzt, Predigerhaus (rechts) und Alte Nikolaischule sind unsaniert.
Unten: 1999: Die Gebäude sind saniert, auf dem Platz steht statt parkender Autos die am 10. Jahrestag der entscheidenden Demonstration eingeweihte Nikolaisäule.
Idee und Entwurf: Andreas Stötzner, Leipzig. Ausführung im Auftrag der Kulturstiftung Leipzig durch Markus Gläser, Leipzig, finanziert über Spenden aus der Bürgerschaft

Der Nikolaikirchhof war im Herbst 1989 Ausgangspunkt der Montagsdemonstrationen, die ihrerseits von den Montagsgebeten in der Nikolaikirche ausgingen – Orte von letztlich weltpolitischer Bedeutung. An diese Ereignisse erinnert seit dem 9. Oktober 1999 die Nikolaisäule, die Nachbildung einer Säule aus der Kirche mit ihrer charakteristischen und symbolhaften Palmenblätterbekrönung: Symbol für Frieden und Gewaltlosigkeit – die Menschen gingen aus der Kirche in die Öffentlichkeit und brachten mit ihrer Gewaltlosigkeit ein gewaltbereites Regime zu Fall!

28 »Strohsack« nennt sich heute eine Passage, die von der Nikolaistraße ausgeht und zur Ritterstraße führt, wo sie im historischen »Strohsack« mündet, einem Renaissancehaus aus dem 17. Jahrhundert, von dem im Wesentlichen nur noch die Fassade erhalten ist. Alles andere war verfallen und nicht mehr verwendbar. Den jungen Leipziger Architekten Appel, Behzadi und Bohne gelang im Inneren mit der Passage und im Äußeren mit sehr differenzierten Fassaden an der Nikolaistraße ein Bauwerk, das typische Merkmale der Leipziger Innenstadtarchitektur und Maßstäblichkeit aufgreift und sie in eigenständige Architektur umsetzt.

Der »Strohsack« war eine baufällige Ruine. 1994: Beginn der Sanierung

1996, nach der Fertigstellung. Bauherr: Melchert + Wiedl GbR, Hamburg/München; Architekten: Appel-Behzadi-Bohne, Leipzig

Rückseite der Alten Nikolaischule – das hölzerne Treppenhaus ist zusammengebrochen, daneben eine Baulücke über drei Parzellen (1986)

Die Alte Nikolaischule ist restauriert, die Baulücke mit dem Neubau »Strohsack« geschlossen. Die Fassade nimmt die frühere Parzellierung auf. Im Hintergrund die Nikolaikirche (1999)

NIKOLAISTRASSE UND HAINSTRASSE lassen mit ihrem neuen Straßenbelag ebenfalls einen Wandel erkennen, im Gegensatz zu den meist noch vorhandenen Straßenoberflächen aus der Vorwendezeit: uneben, häufig geflickt mit unterschiedlichstem Material. Alle Straßen der Innenstadt sollen im Laufe der nächsten Jahre umgestaltet werden: Die Gehbahnen sollen mit den in Leipzig seit dem 19. Jahrhundert üblichen großen Granitplatten belegt werden, eingefasst durch Kleinpflaster, die Fahrbahnen, die künftig meistens auch überwiegend den Fußgängern vorbehalten bleiben (»autoarme Innenstadt«), werden mit einem gehfreundlichen Kunststein gepflastert. Wichtig für die Maßstäblichkeit ist die Beibehaltung der Dreiteilung in Gehbahn – Fahrbahn – Gehbahn und der (allerdings abgesenkten) Randsteine.

29 Der Augustusplatz hat im Laufe des 20. Jahrhunderts mehrfach seinen Namen, seine Funktion und seine Gestaltung verändert. Als Karl-Marx-Platz war er Versammlungsort für Kundgebungen zum 1. Mai und anderen Staatsfeiertagen der DDR, aber auch für die Herbstdemonstrationen gegen das SED-Regime. Zunehmend wurde er als Parkplatz für Oper und Gewandhaus genutzt. Eine Tiefgarage sollte schon 1980 zusammen mit dem Gewandhaus gebaut werden, das Loch wurde aber wieder zugeschüttet, weil das Geld fehlte. Diese Garage mit 1 200 Stellplätzen unter dem nun wieder so genannten Augustusplatz war Kernpunkt der Konzeption einer »autoarmen Innenstadt« von 1994. Sie wurde 1995 bis 1998 in mehreren Abschnitten gebaut. Seither sind Oper und Gewandhaus auch bei schlechtem Wetter trockenen Fußes vom Auto aus zu erreichen.

Linke Seite:
Oben: Augustusplatz 1988: vor der Oper parken Autos
Unten: 1995 bis 1998: Die Tiefgarage wird gebaut. Bauherr: Provinzial Versicherung, Düsseldorf; Architekt: Roland Neef, München

Rechte Seite:
1999: Die Autos sind in der Tiefgarage, der Platz ist neu gestaltet. Bauherr: Stadt Leipzig; Architekt: Bernhard Winkler, Starnberg

Über die Gestaltung der Platzoberfläche gibt es noch immer unterschiedliche Meinungen. Sie konzentrieren sich hauptsächlich auf die Stahlkonstruktionen, die den Platz von der Stadt ausgrenzen, und die Glaszylinder um die Notausgangstreppen, wegen des verwendeten Milchglases auch »Milchtöpfe« genannt. Wenn sich hierfür eine andere, z. B. durchsichtige Lösung finden ließe, wäre wohl der größte Unmut beseitigt. Denn im Übrigen wird der Platz mit seinen Bäumen, Bänken, mit dem Café und vor allem mit der großen Fontäne von vielen Menschen geschätzt und gern genutzt.

Die UNIVERSITÄTSGEBÄUDE erfreuen sich auch nicht großer Beliebtheit. Mit dem Paulinerverein trauern noch immer viele Leipziger der am 30. Mai 1968 gesprengten Paulinerkirche nach. Es gibt inzwischen sehr ernsthafte Anstrengungen, bis zum 600. Universitätsjubiläum 2009 eine bauliche Veränderung in der Weise zu erreichen, dass etwa an Stelle der Kirche ein Neubau errichtet wird, der die bis heute fehlende Aula und Ausstellungsräume für die wertvollen Kunstschätze der Universität aufnehmen könnte. Da die Mensa dringend erneuert werden muss und durch ihre Verlagerung Platz geschaffen werden könnte, stehen die Aussichten gar nicht schlecht! Es wird daran gedacht, für diese schwierige, aber wichtige Aufgabe einen Architektenwettbewerb auszuschreiben. In den Jahren 1997 bis 2000 mahnte eine Stahlinstallation in Form eines abstrahierten Kirchengiebels vor dem Haupteingang und damit am historischen Ort an die Paulinerkirche, wodurch auch das mächtige Marx-Relief angenehm relativiert wurde (Axel Guhlmann, siehe S. 85).

Das UNI-HOCHHAUS (auch Weisheitszahn genannt) wurde 1998 vom Freistaat an die Depfa-Bank im Tausch gegen das Amtsgerichtsgebäude an der Bernhard-Göring-Straße (übrigens ein Schneider-Objekt) abgegeben. Die Universität ist ausgezogen und hat sich in verschiedene Bürogebäude in der Innenstadt eingemietet, bis der Neubau für die Geisteswissenschaftliche Fakultät auf dem alten Gewandhausplatz gegenüber der Uni-Bibliothek fertig ist. Erdarbeiten zur Bauvorbereitung sind seit Januar 2000 im Gang. Nun steht das Hochhaus leer, die Sanierungsarbeiten haben begonnen. Über die endgültige Nutzung ist wohl noch nicht entschieden. Nur soviel steht fest, dass der MDR einen Konzertsaal für das Rundfunkorchester anbaut, über dessen Form, nach einem Streit zwischen Stadt und MDR, ein Wettbewerb ausgeschrieben wurde.

Damit endet der Rundgang durch die Innenstadt, der den Wandel zeigen soll. Weitere Beispiele für Gebäude, die ihr Gesicht in den vergangenen zehn Jahren verändert haben, werden nicht geografisch, sondern nach Nutzungsarten dargestellt.

Wohngebiete im Wandel

Einer der schönsten Stadtteile Leipzigs ist das Waldstraßenviertel. Stadtnah und umgeben von Park- und Grünanlagen bilden seine prachtvollen Bürgerhäuser aus Gründerzeit und Jugendstil ein Ensemble von besonderer Stadtqualität und Geschlossenheit. Es gab kaum Kriegsschäden, aber den allgemeinen Verfall der letzten Jahre. Ein Bürgerverein, angeregt durch den Architekten Bernd Sikora, bemühte sich nach 1990 sehr um eine qualitätvolle Instandsetzung und Wiederherstellung. Seit 1993 ist das Waldstraßenviertel in das Bundesprogramm »Städtebaulicher Denkmalschutz« aufgenommen. Mittlerweile sind die meisten Gebäude denkmalgerecht saniert worden, und zwar nicht nur im Äußeren, sondern auch im Inneren: Viele prachtvolle Stuckdecken, Eingangshallen und Treppenhäuser wurden sorgfältig restauriert.

Fregestraße, geschlossene Gründerzeitbebauung, Zustand 1997: Der Prozess der Erneuerung ist in vollem Gange, Baugerüste und Planen bestimmen das Straßenbild. Ein Haus nach dem anderen erscheint in alter Schönheit.

Auch die Rückseiten der Gebäude verfielen. Hofansicht der Funkenburgstraße 3 (Funkenburgklinik) – ein »krankes Haus als Krankenhaus«(1991)

Sanierter Zustand 1999

Gustav-Adolf-Straße 17, erbaut 1863; Architekt Otto Klemm;
Oben: Zustand um 1989. Das Schutzgerüst von 1989 wurde mit folgender Bemerkung in der Presse erwähnt: »Neue Passage eröffnet. Rechtzeitig vor der Frühjahrsmesse wurde diese neue holzverkleidete und überdachte Fußgängerpassage in der Gustav-Adolf-Straße 17 und um die Ecke in die Leibnizstraße fertiggestellt.«
Unten: Nach der Sanierung 1993/94 durch Veist, Kulmbach; Architekt: W. Kuhn, Stuttgart

Linke Seite:
Sebastian-Bach-/Marschnerstraße. Wiederherstellung des Eckgebäudes, das durch Bomben die oberen Geschosse verloren hatte. Oben: Zustand 1994.
Unten: Wiederaufbau 1999; Bauherr: PAN Kunststoffverarbeitung; Architekten: Heit + Partner

Rechte Seite:
Wohnhaus Schillerweg 19, erbaut 1817,
Oben: Gartenfront; Zustand 1990
Unten: Gartenfront nach Sanierung und Anbau von Balkonen 1999; Bauherr und Architekt: Gregor Fuchshuber

Wer hätte 1990 geglaubt, dass die Thomasiusstraße 21 zu retten ist?

Nach der Sanierung 1998; Bauherr: Ulrich Schmidt; Architekt: Bodo Schmidt, Quickborn

Gottschedstraße 7, neben dem Schauspielhaus, Zustand 1978: Gottschedstraße 6 noch ohne Dach und Sanierung; Architekt: Händel und Francke

Zustand nach der Sanierung und Rekonstruktion 1999 durch Erik Raule; Architekt: Matthias Richter

RIEMANNSTRASSE/MÜNZGASSE. Das städtebaulich bedeutsame Eckhaus ohne Dach war derart baufällig, dass die Bauherrin (Sieglinde Buchner-Hohner) an Totalabbruch und Neubau dachte. Nach gründlicher Untersuchung und Kalkulation entschloss sie sich doch für Rekonstruktion und Sanierung.

Diese Graffiti im Treppenhaus stammen von 1987!

Linke Seite:
Riemannstraße/ Münzgasse.
Oben: Zustand 1987.
Unten: Nach der Sanierung 1999; Bauherrin: Sieglinde Buchner-Hohner; Architekt: Hans-Jörg Moritz, Leipzig

Rechte Seite:
Härtelstraße / Ernst-Schneller-Straße.
Oben: Zustand vor der Sanierung: Das Dach fehlt, die oberen Wohnungen sind nicht mehr bewohnbar (1996).
Unten: Zustand nach der Sanierung 1999; Bauherr: GGV Gesellschaft für Grundbesitz und Vermögensverwaltung, Walldorf; Architekten: Ingenieurbüro Dischereit und Partner mit Architekt Andreas Deter

TOP-SANIERUNG
BECKER

An Connewitz, wo 1989 viele Altbauten freigeräumt und abgebrochen wurden, um sie durch Plattenbauten zu ersetzen, hat sich der Widerstand gegen die DDR-Baupolitik entzündet. Connewitz war deshalb auch nach der Wende der erste Stadtteil, der als Sanierungsgebiet nach Bundesbaugesetz förmlich festgesetzt wurde (bereits im November 1990) – mit dem Ziel, in der überkommenen Stadtstruktur so viele Altbauten wie möglich zu erhalten und zu sanieren, und die Baulücken durch Neubauten, die sich in die örtliche Struktur einfügen, zu schließen.

Oben: Die Ruine Wolfgang-Heinze-Straße 7 beherbergte 1993 im Erdgeschoss noch Läden.
Unten: Nach dem Wiederaufbau 1994 fügt sich das Gebäude mit Wohnungen in den Obergeschossen wieder in das Straßenbild ein.
Bauherr: Braun, Wetzlar; Architekt: Köhler

Seither wurden umfangreiche Sanierungsmaßnahmen an den Gebäuden und im Wohnumfeld durchgeführt. Die meisten Altbauten sind instand gesetzt, nachdem sie teilweise jahrelang leer gestanden hatten und stark verfallen waren. Viele Baulücken wurden durch Neubauten geschlossen, der Herderpark wurde als Grünfläche mit großem Kinderspielplatz neu angelegt.

Leopoldstraße 3–9. Der Sanierungsprozess 1993 bis 2000 ist deutlich ablesbar. Sanierungsträger: DSL deutsche Stadtentwicklungsgesellschaft mbH

Auch in die Hinterhäuser der Leopoldstraße kommt neues Leben. Zustand 1994

Zustand 1999

Connewitz ändert sein Gesicht: 1998: im Vordergrund Neubauten am neuen Herderpark. Eukia Wohn- u. Industriebau GmbH, Leipzig; Architekt: Helmut Kroner, dahinter die Paul-Gerhardt-Kirche

Ines Gillner: Ein Bauherr berichtet – Leipziger Wohnungs- und Baugesellschaft mbH (LWB)

Der Leipziger Wohnungs- und Baugesellschaft (LWB) als städtischem Tochterunternehmen wurde mit dem Gesellschaftervertrag von 1990 die Bewirtschaftung des stadteigenen Hausbesitzes übertragen. Das waren rund 136 900 Wohnungen aus den verschiedensten Baujahren. Unter betriebswirtschaftlichen Gesichtspunkten ist die LWB verpflichtet, kostendeckend zu wirtschaften, auch wenn die Kommune zu 100 Prozent Eigentümerin ist. Im Rahmen des wohnungspolitischen Konzeptes der Stadt Leipzig sieht die LWB ihre wichtigste Aufgabe darin, Wohnraum für alle Schichten der Bevölkerung anzubieten, wobei auf die Bereitstellung preiswerten Wohnraumes für Einkommensschwächere besondere Aufmerksamkeit gelegt wird.

In den Vorwendezeiten waren rund 1 750 Mitarbeiter im VEB Gebäudewirtschaft Leipzig (GWL) im Hauptbetrieb, in den Betriebsteilen und in den Bauhöfen beschäftigt. Mit Stadtverordnetenbeschluss vom November 1990 wurde die Leipziger Wohnungs- und Baugesellschaft mbH (LWB) gegründet. Dieses Unternehmen ist zwar hinsichtlich des Gebäudebestandes nicht Rechtsnachfolger des VEB Gebäudewirtschaft Leipzig. Ein großer Teil der Mitarbeiter wurde jedoch zunächst in die neue Gesellschaft übernommen. Mit Hilfe von Beratungsgesellschaften und erfahrenen Wohnungspolitikern aus den alten Bundesländern entstand eine Struktur, die besonders auf Mieternähe und Sozialorientierung ausgerichtet war.

Wichtigster Schritt in diese Richtung war die Bildung von acht Niederlassungen. Mieteranfragen und die Verwaltung und Bewirtschaftung der Gebäudebestände konnten von dort selbstständig und zeitnah bearbeitet werden. In der Hauptverwaltung wurden Hauptabteilungen und Stabsabteilungen als Dienstleistende für die Niederlassungen und als Unterstützung für die Geschäftsführung gebildet. Die Verwaltung des Fremdbestandes wurde einer Tochtergesellschaft übertragen. Die ehemaligen Bauhöfe wurden überwiegend privatisiert. Nur eine kleine, jederzeit einsatzbereite Notdienstabteilung für Klempner- und Elektrikerleistungen und Gefahrenbeseitigung wurde im technischen Bereich angesiedelt. Nach Abschluss dieser personellen Maßnahmen im Januar 1992 war der Personalbestand auf etwa 950 Mitarbeiter geschrumpft.

Für diejenigen, die in das neue Unternehmen übernommen wurden, waren nicht nur die Bezeichnungen der Stellen neu, sondern auch die politischen, wirtschaftlichen, rechtlichen und sozialen Hintergründe, auf deren Grundlage nun zu arbeiten war. Die Mitarbeiter mussten, um ihre Aufgaben bewältigen zu können, ihre Kenntnisse um die geltenden Gesetze hinsichtlich Mietrecht, Baurecht, Zivilrecht usw. erweitern. Auch war das Arbeiten mit moderner Bürotechnik nicht mehr zu umgehen, das hieß von Schreibmaschine und Karteikasten Abschied nehmen und am PC arbeiten. Für die Geschäftsleitung standen als entscheidende Fragen:

1.) Wie kann erreicht werden, dass jeder Mitarbeiter jedes Gebäude des umfangreichen Bestandes wie sein Eigenes behandelt und nicht mehr wie anonymes Volkseigentum?

2.) Wie kann erreicht werden, dass der Mieter als Kunde und nicht mehr als zugewiesener Bittsteller behandelt wird?

Motivation und Qualifikation der Mitarbeiter waren die wichtigsten Aktivitäten. Aber es gab keine Zeit für theoretische Sandkastenspiele. Mit dem Handeln unter den veränderten Bedingungen wurden das notwendige Wissen erworben und die notwendigen Erfahrungen gemacht. Auch zehn Jahre nach Gründung des Unternehmens sind Auffrischungsworkshops und Seminare zu den Themen wirtschaftliches Denken und Handeln und Kundenfreundlichkeit für die Mitarbeiter wichtig, um sich den immer härter werdenden Marktbedingungen in der Wohnungswirtschaft stellen zu können.

Altschulden und Privatisierungsverpflichtung

Die neugegründeten ostdeutschen Wohnungsunternehmen bekamen noch ein schwerwiegendes Problem in die Wiege gelegt: die Altschulden. Die für den DDR-Wohnungsbau bei der Staatsbank der DDR aufgenommenen Kredite wurden an die Kommunen und von denen auf die Wohnungsunternehmen übertragen. Durch das Altschuldenhilfegesetz wurde eine Regelung zum Teilerlass der DDR-Alt-

schulden bis auf 150 DM pro Quadratmeter Wohnfläche unter bestimmten Bedingungen für die ostdeutschen Unternehmen geschaffen. So mussten sich die Gesellschaften verpflichten, 15 Prozent ihrer Wohnungen – vorrangig an die Mieter – zu verkaufen. Von den Erlösen mussten steigende Quoten an den Erblastentilgungsfond ausgeschüttet werden. Außerdem mussten dem Antrag auf Altschuldenhilfe detaillierte Sanierungs- und Modernisierungskonzepte für den verbleibenden Gebäudebestand beigefügt werden.

Zum Zeitpunkt der Antragstellung im Jahr 1993 beliefen sich die DDR-Altschulden einschließlich Zinsen, die der LWB übertragen wurden, auf rund 1,05 Milliarden DM. Aus der Privatisierungsverpflichtung heraus mussten rund 10 000 Wohnungen vorrangig, aber nicht ausschließlich an die Mieter veräußert werden. Dieses besondere Problem bedurfte einer besonders intelligenten Lösung. Die LWB war das erste Wohnungsunternehmen, das mit Hilfe von Zwischenerwerbern, die zur Sanierung und Privatisierung der erworbenen Gebäude vertraglich verpflichtet wurden, die Privatisierungspflicht erfüllte. Ein damals wie heute umstrittener Lösungsweg.

Gebäudebestandssituation 1990

Bis auf rund 600 Wohnungen aus der unmittelbaren Wendezeit war in allen Gebäuden ein mehr oder weniger großer Instandhaltungsstau aus der Zeit der Zwangswirtschaft im VEB Gebäudewirtschaft vorhanden. Besonders die wertvolle Altbausubstanz aus der Gründerzeit und die städtischen Wohnanlagen aus den Zwanziger- und Dreißigerjahren befanden sich in einem ruinösen Zustand. Die fast ursprüngliche Ausstattung der Wohnungen, ohne Bad und Heizung, schränkte die Wohnqualität erheblich ein. Die Wohnbedingungen waren nur in den so genannten Neubauten mit Fernheizung und zentraler Warmwasserversorgung etwas komfortabler. Die Mieten in diesen Wohnungen waren 1990 sehr moderat. Bis zum 30. September 1990 wurden für die Altbau-Wohnungen mit Ofenheizung, je nach Ausstattung, im Durchschnitt nicht mehr als 0,50 bis 0,75 DM pro Quadratmeter Wohnfläche Miete gezahlt. Bei den »Neubau-Komfortwohnungen« mit Fernheizung und zentraler Warmwasserversorgung lag die Miete bei ca. 1,30 DM pro Quadratmeter.

Mit der Ersten Grundmietenverordnung und dem Betriebskostenumlagegesetz stieg ab 1. Oktober 1991 die durchschnittliche Mietbelastungsquote in den neuen Bundesländern von vier Prozent des verfügbaren Haushaltseinkommens auf zehn Prozent an. In den alten Bundesländern lag zum gleichen Zeitpunkt die Mietbelastungsquote bei zwanzig Prozent des verfügbaren Haushaltseinkommens. Aber an welchen Gebäuden des umfangreichen Bestandes der LWB war der Sanierungsbedarf am dringlichsten? Eine schwierige Entscheidung bei einem Bestand von um die 10 000 Gebäuden.

Die aus heutiger Sicht richtige Entscheidung war praktisch und logisch zustande gekommen. Die zur Verfügung stehenden Wohnungs- und Städtebaufördermittel wurden gesichtet. Entsprechend der vorhandenen Fördermöglichkeiten wurden die zu sanierenden Gebäude ausgewählt So ergab sich eine Reihenfolge, die sich gut am Beispiel des Stadtteils Schönefeld erläutern lässt.

Sanierungsstrategie der LWB am Beispiel des Stadtteils Schönefeld

Ausgangssituation 1990: Im Stadtteil Schönefeld hält die städtische Tochter LWB einen Großteil der Altbauten und ca. 60 Prozent der Plattenbauten.

Zittauer Straße; Zustand 1990 vor der Sanierung

Nach der Sanierung 1998. Die markanten Stufengiebel und die ursprüngliche Farbigkeit wurden wiederhergestellt.

Alt-Schönefeld – Zwanziger- und Dreißigerjahre Bauten: 1 500 Wohnungen / Wohnkomplex; 2 750 Wohnungen. Die Altbaubestände in Schönefeld erstrecken sich auf 460 Wohnungen im Gebiet zwischen Dimpfelstraße und der Lindenallee. Außerdem sind 640 Wohnungen in der Stöckelstraße und der Clara-Wieck-Straße in das Eigentum der LWB übergegangen. Die LWB verwaltet noch ca. 400 Wohnungen in Einzelobjekten, vorwiegend aus der Gründerzeit. Gerade der Gebäudebestand aus den Baujahren von 1900 bis 1931 befand sich 1990 in einem bedenklichen Zustand. Vierzig Jahre Instandhaltungsstau hatten nicht unbedingt zur Verbesserung der Wohnbedingungen und des Gebäudezustandes geführt. Aber auch die so genannten Plattenbaubestände hatten vor allem haustechnisch erhebliche Instandhaltungsprobleme aufzuweisen. In sechs Wohnhochhäusern des Typs PH 16 wurden ca. 790 Wohnungen, in der Block- und Streifenbauweise 208 Wohnungen und in der WBS 70 fünfgeschossig 1 750 Wohnungen durch die LWB bewirtschaftet.

Bästleinstraße 10. Das Wohnhaus des Typs PH – Punkthochhaus – 16 mit 132 Wohnungseinheiten wurde im Jahr 1974 im Zusammenhang mit dem Entstehen des Neubaugebietes Neuschönefeld-Ost errichtet. Die Sanierung durch die LWB erfolgte 1995/96 als Modellversuch im Zuge der städtebaulichen Rahmenplanung für Schönefeld, finanziert mit Wohnungsbaufördermitteln des Freistaates Sachsen. Wesentlicher Inhalt des Modellprojektes war die Verbesserung des Wohnwertes durch Anbau von Balkonzimmern.

Altbauten

Schönefeld war und ist eine bevorzugte Wohnlage in Leipzig. Die 1994 erarbeitete Denkmalliste für den Stadtbezirk Nordost zeigt Schönefeld als besonders denkmalreichen Stadtteil: sowohl in der alten Ortslage als auch im südlichen Erweiterungsgebiet hat beinahe jedes Gebäude Denkmalwert; für beide Bereiche wurde zudem die Einrichtung eines Denkmalschutzgebietes vorgeschlagen. Die mit ruhigen Innenhöfen und Loggien ausgestatteten Altbauanlagen in unmittelbarer Nähe des Mariannenparks und des Schönefelder Schlosses hatten 1991 einen schlechten Bauzustand. Die fast ursprüngliche Ausstattung der Wohnungen schränkte die Wohnqualität gravierend ein. Eine denkmalgerechte Sanierung und Modernisierung machte sich dringend erforderlich.

Begonnen wurde mit den Wohnanlagen zwischen Dimpfelstraße und Lindenallee. Diese Gebäude wurden nach Entwürfen des Architekten und Stadtbaurates Hubert Ritter ab dem Jahr 1927 errichtet. Die langgestreckten, dreigeschossigen, vom Straßenraum zurückgesetzten Baugruppen werden von vorstehenden Kopfbauten mit Stufengiebel eingefasst. Die Räume zwischen den Zeilen an der Lindenallee und der Paul-Heyse-Straße wurden als begrünte Innenhöfe zur gemeinsamen Nutzung durch die Bewohner ausgestattet. Für die Zwei-, Drei- und Vierzimmerwohnungen verwendete Ritter sieben Grundrisstypen, um stets eine Ausrichtung der Balkonloggien in den langen Zeilen nach Westen zu erreichen. In vier Bauabschnitten wurden von 1994 an 460 Wohnungen komplett saniert und 100 Wohnungen in den Dachgeschossen zusätzlich ausgebaut. Parallel dazu wurde 1995 mit der Sanierung der Wohnungen in der Clara-Wieck-Straße und der Stöckelstraße begonnen. Auch hier erfolgte die Modernisierung der 640 Wohnungen in mehreren Bauabschnitten und der Ausbau von 125 zusätzlichen Dachgeschosswohnungen. Die grünen Wohnhöfe und das Umfeld wurden erneuert. Die Finanzierung der Sanierungsmaßnahmen erfolgte ausschließlich mit Wohnungsbaufördermitteln des Freistaates Sachsen. Für den Dachgeschossausbau wurden zinsverbilligte Darlehen aus dem »Mietwohnung der Sächsischen Aufbaubank Programmteil C« eingesetzt und je nach Jahresscheibe auch die Miethöhe damit geregelt. Die Mieten liegen zwischen 8,50 und 9,50 DM je Quadratmeter Wohnfläche.

Die Modernisierungsmaßnahmen wurden aus den Mietwohnungsbauprogrammen Teil B auch jeweils entsprechend der Jahresscheibe finanziert, und die Miethöhe regelte sich an der Modernisierungsumlage nach § 3 des Miethöhegesetzes. Das heißt, die Mieter, die während der Sanierung in ihrer Wohnung geblieben sind, haben moderate Mieten zwischen 7,00 DM und 12,00 DM je nach Ausstattungsgrad der Wohnung. In den letzten beiden Jahren wurden die Wohnungsbaufördermittel als so genannte Subjektförderung angeboten. Die Mieter mit niedrigem Haushaltseinkommen erhalten zusätzliches Wohngeld und können durch diese Förderung in hochwertig sanierten Wohnungen verbleiben. Bei der Neuvermietung werden je nach Ausstattung Mieten zwischen 11 und 13 DM pro Quadratmeter erzielt. Die fast vollständige und denkmalgerechte Sanierung der Wohnanlagen ist nicht nur unter wirtschaftlichen Gesichtspunkten eine erfolgreiche Investition der LWB gewesen, sondern hat auch eine wichtige stadtentwicklungspolitische und ästhetische Seite.

Industriell gefertigte Bauten

Schon 1992 begann sich das Stadtplanungsamt mit der Großsiedlung Schönefeld zu beschäftigen. Eine städtebauliche Rahmenplanung wurde erarbeitet, die einige Prämissen für zukünftige Aktivitäten in diesem Wohnkomplex setzte. Für die LWB ergab sich daraus die Chance, in Form eines Modellversuchs und durch den Freistaat Sachsen gefördert, ein 16-geschossiges Wohnhochhaus umzugestalten. Ziel des Modells war es, nicht nur zu sanieren, sondern andere Wohnwertqualitäten zu schaffen. Unter Einbeziehung des schwedischen Architekturbüros FFNS begann die Vorbereitung dieses Projektes 1993. Die Erfahrungen der Schweden bei der Revitalisierung von Plattenbausiedlungen sollten in die Gestaltung eingebracht werden. Die äußere Gestalt des Gebäudes wurde durch Anbau von Balkonzimmern, Neugestaltung der Außenbereiche und eine neue Dachform wesentlich verändert. Ansonsten wurde das vorhandene Gebäude instand gesetzt und modernisiert. Dieses Projekt wurde anfänglich skeptisch beobachtet. Jetzt, vier Jahre nach Fertigstellung, gibt es volle Akzeptanz durch die Bestandsmieter und in der Neuvermietung, vor allem auch wegen der durch den Modellcharakter ausgesprochen günstigen Mieten. 1997 und 1998 wurden dann weitere Projekte zur Sanierung vorbereitet. Zwei weitere PH 16 wurden mit dem Schwerpunkt Brandschutz und Wohnwertverbesserung modernisiert.

Aus dem Gebäudebestand der Siebzigerjahre in der Löbauer Straße und in der Julian-Marchlewski-Straße wurden 208 Wohnungen in sechs Blöcken komplett saniert und das Umfeld neu gestaltet. Auch hier fanden wir eine gute Resonanz.

Im Jahr 2000 haben wir noch mit einer Modernisierungsmaßnahme in den fünfgeschossigen Gasbeton-Wohnblöcken aus der WBS 70 begonnen. Bei diesem Projekt geht es im Wesentlichen um die Modernisierung der Wohnungen. Die Fassade wird im ursprünglichen Zustand belassen, da Wärmedämmung und Wetterschutz intakt sind.

Nach Fertigstellung dieses Projektes ist der Schönefelder Gebäudebestand weitgehend saniert. Übrig geblieben sind einige Gründerzeithäuser. Die Förder-

Alt-Lößnig, Lobstädter Straße 2, vor der Sanierung

Nach der Sanierung 1999

mittelbereitstellung im Freistaat Sachsen ist stark eingeschränkt. Zukünftig muss mit verschiedenen Projektkonstellationen versucht werden, Individualität bei Baukosten, Ausstattung und Mietpreis zu erreichen. Eine Möglichkeit hierzu gibt es durch die von der Stadt Leipzig initiierten Programme zur Rettung des letzten Drittels der Gründerzeithäuser. Weitere intelligente Möglichkeiten gilt es selbst herauszufinden. Zum Beispiel wird gegenwärtig unter Schirmherrschaft der Leipziger Bauinnung ein Lehrlingsprojekt vorbereitet. Wichtigster Inhalt ist, den Auszubildenden am Objekt die echten Baustellenabläufe möglichst früh zu vermitteln. Wenn dieses Projekt erfolgreich verläuft, werden weitere ähnlich gestaltete Vorhaben folgen.

Alt-Lößnig, Hof »C«, 1995

Nach der Sanierung 1999

ALT-LÖSSNIG *(links und rechts)*
Die von den Architekten Kaeppler und Pommer entworfene Wohnsiedlung aus den Jahren 1902 bis 1913 umfasste ursprünglich 1110 Wohnungen in zwei- und dreigeschossigen Einzel-, Doppel- und Gruppenhäusern. Die aufwendig gestalteten Außenhüllen der Gebäude standen in starkem Kontrast zur Größe und Ausstattung der Wohnungen. Die Wohnungen waren zwischen 36 und 70 Quadratmeter groß. Sie besaßen ursprünglich weder Bad noch IWC.
Von 1997 bis 1999 sanierte die LWB sehr umfassend diese Wohnanlage. In drei Bauabschnitten wurden die Gebäude denkmalgerecht wieder hergestellt, die Wohnungszuschnitte durch Grundrissänderungen den heutigen Anforderungen angepasst und die grünen Innenhöfe gestaltet. Finanziert mit Wohnungsbaufördermitteln des Freistaates Sachsen (Mietwohnungsbauprogramm zur Wiedergewinnung von Wohnraum) entstanden 940 Wohnungen (siehe auch Luftbild S. 13); Architekten: Dischereit und Gehring

RUNDLING: *Eine der herausragenden Siedlungen der Moderne ist der sogenannte »Rundling«. Die Wohnanlage wurde von Hubert Ritter geplant und in den Jahren 1929/30 erbaut. Die Wohnanlage folgt in konzentrischen Kreisen dem hügeligen Bodenprofil, wobei dieses durch die Höhe der Gebäude im inneren Ring noch verstärkt wird. Die Siedlung befand sich durch Kriegsschäden und unterbliebene Instandhaltung der Folgejahre in bedauernswertem Zustand. Im Oktober 1992 begann die Sanierung durch die LWB mit der Schließung von Kriegslücken.*
122 Wohnungen und eine Tiefgarage wurden in Anlehnung an die vorhandene Architektur neu gebaut. In den folgenden Bauabschnitten wurden 969 Wohnungen saniert. Im Jahr 1996 erhielt die LWB für das Projekt »Sanierung und städtebauliche Ergänzung des Rundlings in Lößnig« den Bauherrenpreis für »Hohe Qualität und tragbare Kosten« vom Bund Deutscher Architekten, dem Gesamtverband der Wohnungswirtschaft und dem Deutschen Städtetag. Architekt der Sanierung und der Neubauten: Schmitz, Aachen

Heike Scheller: Bauherrenberatung als wichtiges Instrument des Städtebaus

Einleitung

Mehr als jede andere Kunst lebt Architektur aus einem Spannungsfeld von Bindung und Freiheit. Jedes Gebäude als Teil eines städtebaulichen Raumes hat eine Verpflichtung und eine Bedeutung gegenüber seinem Umfeld: Die Verpflichtung – Einordnung in die Kontinuität des städtischen Raumes; die Bedeutung – Wahrung seiner Individualität als Zeugnis des Willens seiner Bauherrschaft und der Fähigkeiten seines Architekten. Einheit in der Vielheit – jene urbane Typologie, in der die einzelnen Häuser ihre Individualität behaupten, sich aber dennoch zur Gesamtfigur des Stadtquartiers zusammenschließen. Kurz, das Einfache, das angesichts unendlicher Gestaltungsmöglichkeiten schwer zu machen ist.

Die letzten »kurzen« zehn Jahre haben das Antlitz Leipzigs nachhaltig geprägt. Zwei Drittel der historischen Bausubstanz sind saniert, unzählige Neubauten entstanden. Das Buch macht den Versuch,

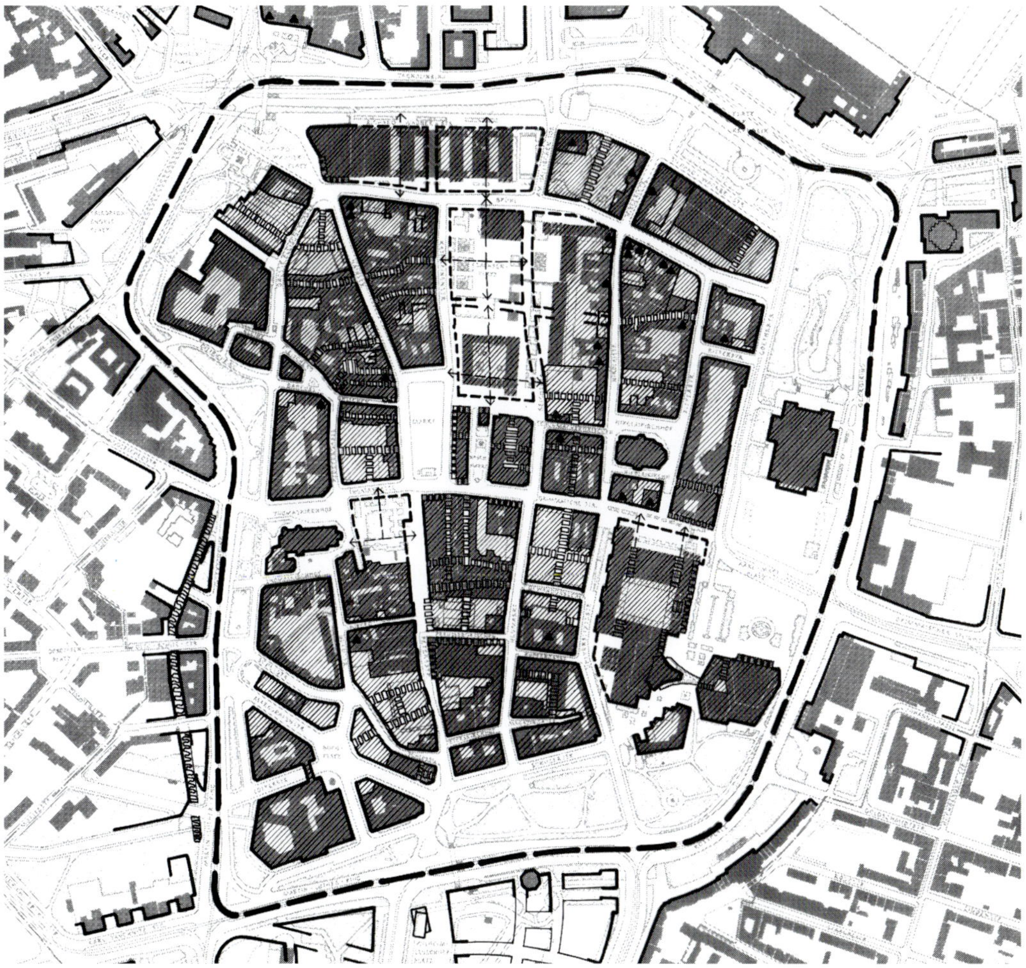

Städtebaulicher Rahmenplan für die Leipziger Innenstadt 1990

- - - - - - - - -	*wieder herzustellende Baukanten*
‹-----------------›	*Vorschläge für Passagen*
oooooooooooooooo	*Passagen*

dies an Beispielen aus allen Stadtteilen Leipzigs zu beweisen. Es liegt in der Natur der Sache, dass ich für meinen Beitrag ausschließlich Beispiele aus meinem Arbeitsgebiet im Stadtplanungsamt, dem Stadtzentrum innerhalb des Promenadenrings, verwende.

Neuanfang 1990

Ich habe 1978 bis 1984 an der Hochschule für Architektur und Bauwesen Weimar (heute Bauhaus-Universität) Architektur studiert. Im Rahmen eines anschließenden Forschungsstudiums war es mir möglich, mich intensiv mit der Geschichte und Gestalttypik des historischen Leipziger Stadtkerns zu beschäftigen – ein unschätzbarer Gewinn für meine jetzige Tätigkeit. Den Arbeitsalltag einer Stadtverwaltung kenne ich seit 1988; zu meinen ersten Aufgaben gehörte die Vorprüfung der Beiträge zum Ideenwettbewerb für die weitere Gestaltung des Stadtzentrums.

Durch die Ereignisse im Herbst 1989, die sich in dem Beitritt der DDR zur Bundesrepublik Deutschland am 3. Oktober 1990 vollendeten, wurde in kurzer Zeit fast alles anders. »Beitritt« bedeutete ja, dass einseitig Verhältnisse festgeschrieben wurden, und so gab es viel zu lernen, was für die alten Bundesländer längst selbstverständlich war. Es begann ein Powerkurs über viele Monate: Rahmenplan, Gestaltungssatzung, Bebauungsplan, Wettbewerbe, Beratung von Investoren und Architekten, Ausschusssitzungen, Stellungnahmen zu Bau- und Kaufanträgen ...

Parallel dazu die eigene Weiterbildung: die Grundbegriffe des Baugesetzbuches und alles über die Gründung eines eigenen Architekturbüros bekam ich im Mai 1991 in einem zweiwöchigen Kurs am Bauhaus Dessau gelehrt. Aber es machte angesichts der sich abzeichnenden Erfolge – und die Erwartungshaltungen waren bei Politik und Bevölkerung ungeheuer groß – Spaß. Dabei soll jedoch nicht verschwiegen werden, dass sich die tägliche Arbeit grundlegend geändert hat:

Die Entwicklung geht vom entwerfenden Architekten (im Büro des Chefarchitekten wurden z.B. erste Studien – »Grundsatzentscheidungen« – für Baulückenschließungen erarbeitet) hin zum eher schreibenden Architekten.

Apropos Erwartungshaltungen: Die Leipziger sind am Baugeschehen in ihrer Stadt sehr interessiert, und so begegnet man bei Vorträgen u.ä. immer wieder der Vorstellung, dass die Stadt doch »alles« vorschreiben könne und müsse. Dem ist nicht so, denn dem Grunde nach ist Baufreiheit Bestandteil des grundgesetzlich geschützten Eigentums. Inhalt und Schranken dieser Baufreiheit sind durch planungs- und bauordnungsrechtliche Vorschriften des Bundes und der Länder gesetzt. Allerdings geben diese Vorschriften einen Rahmen vor, der durch den Bauherrn im Zusammenspiel mit den anderen Rahmenbedingungen für das Entstehen von Architektur und Gebäuden ausgefüllt werden kann. Für eine gelungene Stadtentwicklung teilen sich also vier Partner die Verantwortung: der Bauherr, sein Architekt, die bauausführenden Firmen und die Stadt, die mit ihrer Planungshoheit öffentliche und private Interessen in Einklang bringt und lenkt.

Planungskontinuität

So sehr sich die gesellschaftlichen und ökonomischen Bedingungen für unsere Tätigkeit auch geändert haben, fachlich-inhaltlich brauchten wir nicht bei Null anzufangen.

Die Erhaltung und Weiterentwicklung der Gestalttypik der Stadt als die einzigartige, historisch gewordene Individualität des Ortes waren seit den Achtzigerjahren das bestimmende Ziel der städtebaulichen Planung für das Leipziger Stadtzentrum. Diese Hinwendung zum intensiven Städtewachstum folgte einerseits wirtschaftlichen Zwängen. Hinzu kam – gesellschaftssystemunabhängig – das zunehmende Wissen um die große Flexibilität, Entwicklungsfähigkeit und Lebensqualität der traditionellen europäischen Stadt mit ihrer funktionalen Dichte und die prägende Rolle historischer Stadtbilder. Auf die Besonderheit innerstädtischer Standorte konnte nicht mit einem universellen Standard geantwortet werden. Deshalb erging 1987 an das Büro des Chefarchitekten der Auftrag zur Erarbeitung einer Entwicklungskonzeption für das Leipziger Stadtzentrum, deren Planungsansätze einer Rekonstruktion des weitgehend erhalten gebliebenen Grundgefüges der historischen Straßen- und Platzräume durch den Wettbewerb 1988 mehr als bestätigt wurden.

Nur so war es uns möglich, bereits im Oktober 1990 der Stadtverordnetenversammlung den Entwurf des Rahmenplanes und der Gestaltungssatzung für das Stadtzentrum zur Billigung und Offenlage vorzulegen. Die Gestaltungssatzung ist seit dem 11. Januar 1993 rechtskräftig; der Rahmenplan wurde in Folgebeschlüssen (Bebauungsplan »Nutzungsarten im Stadtzentrum«, »Konzeption autoarme Innenstadt«, »Gestaltungskonzept für den öffentlichen Raum der Innenstadt«) aufgehoben.

Workshops und Wettbewerbe

Leipzig setzt auf Workshops und Wettbewerbe als bewährte Verfahren zur Optimierung der Qualität in Städtebau und Architektur.

Workshops wurden in den ersten stürmischen Jahren nach der Wende, in denen manchmal innerhalb von wenigen Tagen weitreichende Entscheidungen zu treffen waren, umfangreich praktiziert (etwa 25 bis 1994). Ausgehend von der jeweiligen Fragestellung waren und sind die Workshops mit Leipziger und externen Fachleuten, Bauherren, Investoren, Politikern, Bürgern, anderen betroffenen Akteuren und Vertretern der Stadtverwaltung besetzt. Grundlagen einer produktiven Auseinandersetzung sind die unterschiedlichen Erfahrungen und Erwartungen der Teilnehmer und eine offene, nicht durch vorgegebene Diskussionsrichtungen beeinflusste Arbeitsatmosphäre. Damit werden die Workshops zum geeigneten Planungsinstrument, Lösungsansätze für anstehende Aufgaben zu finden.

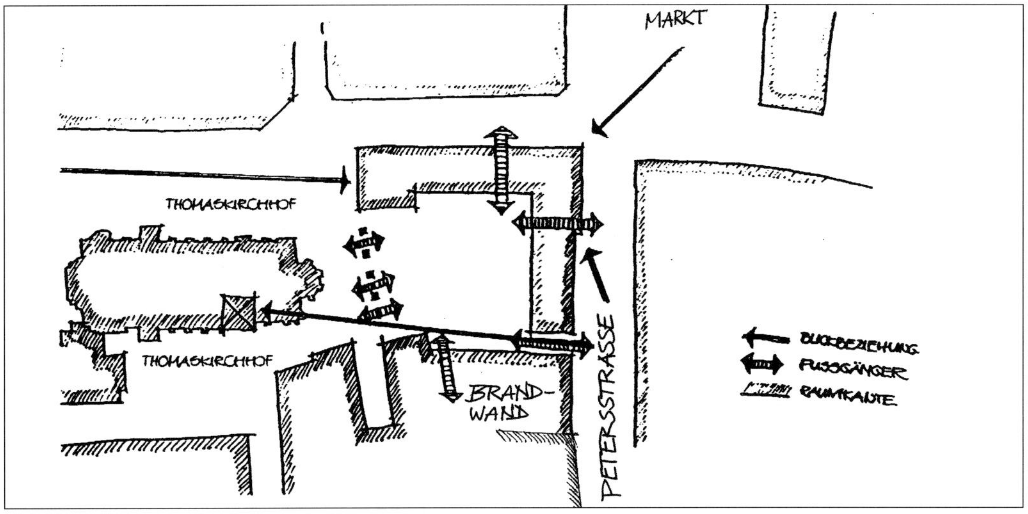

Systemskizze für die Wiederbebauung am Thomaskirchhof. Grünfläche ist zur Kirche hin offen.

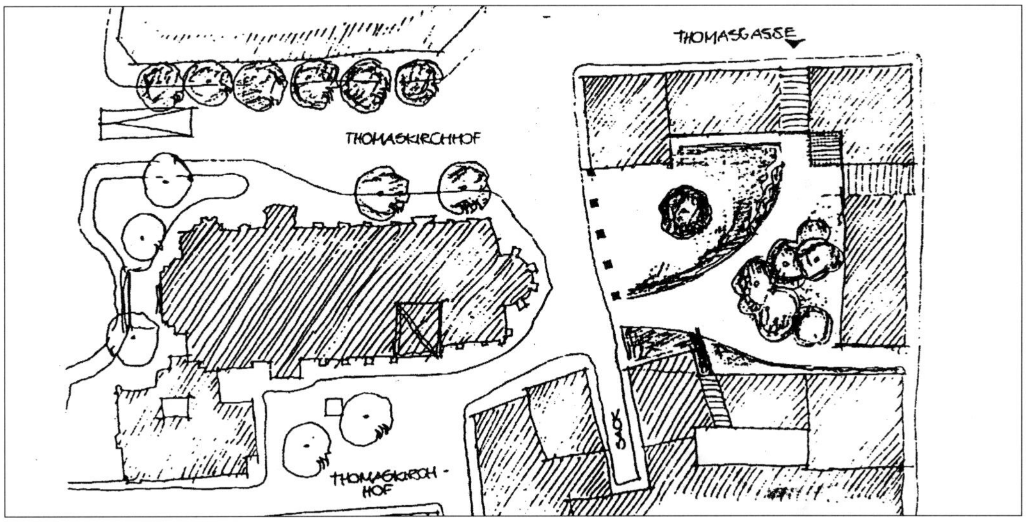

Skizze für eine mögliche Ausführung

Beispiel unbebautes Areal
am Thomaskirchhof

Für das im Krieg zerstörte und trotz der bis in die Siebzigerjahre bestandenen Wiederbebauungskonzeptionen unbebaut gebliebene und als Grünfläche umgestaltete Areal zwischen Petersstraße, Thomasgasse und Thomaskirchhof gab es nach der Wende zahlreiche Bauinteressenten und natürlich auch Restitutionsansprüche auf die ursprünglich 18 Parzellen. Nachdem zunächst eine Veränderungssperre für das Areal beschlossen worden war, fand im Mai 1995 ein Workshop zur Klärung der Planungsziele statt. Neben einer Umbauung des unansehnlichen Brandgiebels plädierten die Werkstattteilnehmer auch für eine Eckbebauung entlang der Petersstraße und Thomasgasse. Innerhalb der u-förmigen Umbauung wäre somit eine 2300 Quadratmeter große Freifläche vis-a-vis der Thomaskirche verblieben, die durch Gassen und Durchgänge mit der Petersstraße verbunden wäre. Aber angesichts der vielen Veränderungen in der Innenstadt und dem Verlust vertrauter Identifikationspunkte wurde das Ergebnis der Werkstatt in der Leipziger Öffentlichkeit sehr kontrovers und emotional diskutiert. Den Minimalkonsens kann jeder heute besichtigen: Der Brandgiebel ist durch ein zeitgemäßes, eigenständiges und lebendiges Gebäude umbaut, die Grünfläche durch den Bebauungsplan bis auf weiteres in ihrem Bestand gesichert und mittels Sponsoring der Bauherrschaft neu gestaltet (Abb. S. 64).

Beispiel Plattenbauten Brühl-Nordseite

Die stadträumlichen, architektonischen und funktionalen Potentiale des 1966 bis 1968 errichteten Gebäudeensembles in prominenter Lage am nordwestlichen Rand des Leipziger Stadtzentrums waren Gegenstand einer Städtebauwerkstatt Mitte des vergangenen Jahres. Sind wir noch bis Mitte der Neunzigerjahre von einem zeitnahen Abriss der Bausubstanz ausgegangen, beabsichtigt nunmehr die Eigentümerin der Gebäude den Erhalt des gut vermietbaren und zu einem vertretbaren Aufwand sanierungsfähigen Wohnungsbestandes. Hinzu kommt, dass das Gebäudeensemble ein typisches Zeugnis des modernen Städtebaus der Sechzigerjahre in der DDR darstellt und mit der baulichen Kammstruktur typologische Merkmale der »Nachkriegsmoderne« aufweist, die den Städtebau in dieser Zeit europaweit beeinflussten. Im Ergebnis der Werkstatt wurde auf Empfehlung des u. a. mit Professor Adrian und Professor Marg namhaft besetzten Obergutachtergremiums eine Machbarkeitsstudie in Auftrag gegeben, die den Erhalt des Wohnzeilenbestandes und eine Schließung der offenen Ränder (nach Norden durch schallschützende Einbauten, zum Brühl hin durch straßenraumbildende Vor- und Anbauten im Rhythmus der Wohnzeilen und Höhe der gegenüberliegenden historischen Bebauung) ermöglicht.

Die zahlreichen Wettbewerbe und andere konkurrierende Verfahren der Ideenfindung (etwa 80 seit 1990, davon ein Viertel in der Innenstadt) sind in aller Regel durch die Stadt angeregt oder mit Nachdruck und viel Überzeugungsarbeit den privaten bzw. öffentlichen Bauherren nahe gelegt worden. Nach derartigen Verfahren sind z.B. die Verwaltungsneubauten der Dresdner Bank und der Bayerischen Vereinsbank am Dittrichring, der Umbau des Hauptbahnhofes und die Neugestaltung der Petersstraße realisiert worden und werden gerade der Anbau für den Klangkörper des MDR am Hochhaus am Augustusplatz und der Neubau des Museums der bildenden Künste am Sachsenplatz errichtet. Und es sei angemerkt, dass nach Abschluss der Verfahren ohne Ausnahme alle Bauherren – trotz ihrer anfänglichen Skepsis Wettbewerben gegenüber (als finanzielle und zeitliche Investitionshemmnisse) – der Auffassung waren, eine bessere und qualitätvollere Lösung für ihre Bauaufgabe gefunden zu haben.

BEISPIEL NEUBAU PEEK & CLOPPENBURG, PETERSSTRASSE/PREUSSERGÄSSCHEN

Welcher Leipziger erinnert sich nicht noch an den Gemüse-, zu Weihnachtszeiten Geflügel- und Fischmarkt!? Bereits am 12. Dezember 1990 erteilte die Stadtverordnetenversammlung eine Option für den Bau eines Bekleidungshauses der Fa. Peek & Cloppenburg in dieser großen Baulücke. Mit dem positiven Bauvorbescheid Ende 1991 legte die Stadt der Bauherrin ein konkurrierendes Verfahren zum Nachweis der Verträglichkeit der Grundstücksinanspruchnahme bis zur historischen Bauflucht in der Petersstraße nahe. (Mit der Nachkriegsbebauung war die Petersstraße auf ihrer Ostseite um sieben Meter verbreitert worden.) Die sechs erarbeiteten Gutachten wurden im März 1992 dem Großen Planungsbeirat, einem Gremium aus Mitgliedern des Fachausschusses Planung und Bau des Stadtrates, sachkundigen Bürgern und auswärtigen Experten, vorgestellt und der Entwurf von Charles Moore/ Santa Monica, USA, zur Ausführung bestimmt. Charles Moore hatte vorgeschlagen, die Differenz zwischen heutiger Bauflucht am »Messehof« und historischer Bauflucht bei »Karstadt« durch eine Treppe zu überwinden – eine äußerst witzige Idee, die leider durch Veränderungen nach dem Gutachterverfahren und durch die Bauausführung stark vergröbert wurde (Abb. S. 66).

BEISPIEL »MARKTGALERIE«, MARKT/THOMASGASSE/KLOSTERGASSE

Auf dem ehemals mit sieben Gebäuden und Baukomplexen (u.a. Markt 11 »Äckerleins Hof als Höhepunkt des Leipziger Barock«) bebauten Areal entstand nach den Kriegszerstörungen 1963 bis 1965 am Markt das Bürogebäude für das Leipziger Messeamt; der Rest blieb unbebaut. Mitte 1990 votierte der »Runde Tisch« der Stadt Leipzig im Zusammenhang mit der Sanierung des »Paulaner«, Klostergasse 3/5, für die Deutsche Hausbau GmbH und die Durchführung eines Realisierungswettbewerbes (mit Erhalt des Messeamtsgebäudes). Dieser Wettbewerb – zu dem je sechs ost- bzw. westdeutsche Architekturbüros, aus denen sechs Ost-West-Teams gebildet wurden, eingeladen waren – fand im 3. Quartal 1990 (also noch vor dem Beitritt zur Bundesrepublik!) statt. Der 1. Preis ging an ein Team aus München und Ost-Berlin, aber ein Knäuel von Interessen, Erwartungen und Ansprüchen verhinderte den Verkauf der Grundstücke und die Umsetzung des Wettbewerbsergebnisses. Erst 1994 gelang es einer Objektgesellschaft aus Commerz Immobilien GmbH und Sparkasse Leipzig dieses Knäuel zu entwirren, indem sie 1995 das Gebäude des Messeamtes von der Messegesellschaft erwarb und sich mit dem positiven Bauvorbescheid zur Auslobung eines Realisierungswettbewerbes (dieses Mal ohne Erhalt des Messeamtsgebäudes, da die Leitung und Verwaltung der Messegesellschaft auf das Neue Messegelände gezogen war) verpflichtete. Elf geladene Wettbewerbsbeiträge hatte das Preisgericht unter Vorsitz von Professor Humpert am 6./7. November 1995 zu beurteilen. Den ersten Preis erhielt Massimo Carmassi/Pisa, der den ortstypischen Wechsel von schlanken Baukörpern und dazwischen liegenden Durchgangshöfen modern adaptierte. Nach Überarbeitung und nochmaliger Bewertung bestimmte die Bauherrschaft den Entwurf des dritten Preises (Professor Hans Hollein/ Wien) zur – nicht erfolgten – Ausführung. Wieder sollte das Vorhaben der »Marktgalerie« vier Jahre ruhen, da ein neuer Investor gesucht und gefunden wurde. Und auch diesem Bauherrn hat die Stadt zur Fassadenfindung »an der guten Stube der Stadt« ein konkurrierendes Verfahren mit sechs geladenen Architekturbüros dringend nahe gelegt. Ob es der letzte Wettbewerb an diesem Standort sein wird?

BEISPIEL NEUBAU MUSEUM DER BILDENDEN KÜNSTE, SACHSENPLATZ

Ende 1997 musste das Museum der bildenden Künste Leipzig, eine der ältesten und bedeutendsten Bürgersammlungen Deutschlands, sein Mietdomizil im ehemaligen Reichsgericht verlassen, damit das Gebäude für den Umzug des Bundesverwaltungsgerichts von Berlin nach Leipzig im Jahre 2002 umgebaut werden kann. Nach zwei Workshops zur Standortsuche im Jahre 1993 bzw. 1996 beschloss die Ratsversammlung der Stadt im November 1996, den Museumsneubau auf dem Sachsenplatz, einem innerstädtischen Brachland, zu errichten. Der prominente Standort unterstreicht den Stellenwert der Kultur in Leipzig und könnte einen nachhaltigen Impuls zur Revitalisierung der Innenstadt auslösen. Für dieses bedeutende kommunale 120-Millionen-Neubauvorhaben, das Bund/Land und Stadt je zur Hälfte finanzieren, wurde im März 1997 ein offener internationaler Wettbewerb in zwei Phasen ausgelobt. Das Interesse am Wettbewerb war überwältigend – über tausendmal wurden die Wettbewerbsunterlagen angefordert. Schließlich hatte das Preisgericht nach Abschluss der ersten Phase, in der städtebauliche Fragestellungen und die Museumsidee im Vordergrund standen, 532 Wettbewerbsbeiträge zu bewerten und – letztendlich – 41 Arbeiten zur vertieften Weiterbearbeitung in Phase 2 auszuwählen. Am Ende des Wettbewerbsverfahrens empfahl die Jury einstimmig, die Arbeit mit der Tarnzahl 1584 (Architekten Hufnagel-Pütz-Rafaelian/Berlin) mit dem 1. Preis auszuzeichnen und als Grundlage für die weitere Planung und Realisierung heranzuziehen. Dieser Empfehlung schloss sich der Stadtrat im April 1998 mit großer Mehrheit an. Das Bildermuseum befindet sich im Bau; die Eröffnung ist für Ende 2002 geplant. Der Neubau des Museums ist gleichzeitig der Startschuss für die Entwicklung eines ganzen »Museumsquartiers«: »Das Museum zieht sich in den Block zurück, der mit neuen Wohn- und Geschäftshäusern den alten Fluchtlinien von Brühl, Katharinen- und Reichsstraße neu gebildet wird. Es überläßt die Präsenz an den Straßenkanten der normalen innerstädtischen Nutzung, beansprucht dafür mit einer Höhe von 34 m die nur dem Museum zustehende Dominanz im neugeschaffenen Gefüge dieses Stadtbereiches.« (Zitat Juryprotokoll) Die Stadtverwaltung führt gerade eine Reihe von Gesprächen mit Interessenten für die Randbebauung; auch hier besteht Übereinstimmung, nach Bedarf und Notwendigkeit konkurrierende Verfahren für die Optimierung der architektonischen und funktionellen Anforderungen durchzuführen. Im Lageplan des Rundgangs auf S. 37 ist der Museumsneubau eingezeichnet.

GESTALTUNGSSATZUNG – BEMÜHUNG UM JEDES EINZELNE BAUVORHABEN ODER WAS IST LEIPZIG-TYPISCHE ARCHITEKTUR

1999 hat die Stadt Leipzig erstmals einen Architekturpreis zur Förderung der Baukultur ausgelobt; die Kulturstiftung Leipzig, eine Stiftung für Denkmalpflege, Stadtkultur und Umweltschutz, vergibt seit 1992 jährlich den »Hieronymus-Lotter-Preis« für beispielhafte Denkmalerhaltung. Man kann durchaus feststellen, dass durch die sorgfältige Bauberatung im Rahmen des regulären Baugenehmigungsverfahrens (1995 – 2 718, 1998 – 4 092, 1999 – 3 422 Stellungnahmen durch die vier Planungsabteilungen des Stadtplanungsamtes) die Nachwendebauten unter den veränderten Rahmenbedingungen und einer sich verändernden Bauherrschaft (Manager von Immobilienfonds treten zunehmend an die Stelle des »klassischen« Bauherrn) zum überwiegenden Teil gute architektonische und städtebauliche Qualitäten aufweisen.

Die Gestaltungssatzung für das Leipziger Stadzentrum versucht, neben allgemeinen städtebaulichen Grundsätzen und Regeln für die Einordnung von Werbeanlagen gewisse, in der Traditionslinie der historischen Leipziger Bauten liegende Prinzipien für die architektonische Gestaltung der Gebäude festzulegen: Proportionen, Gestaltungs- und Gliederungsmittel, Fensterformate und Materialien. Dabei stellt sich immer wieder die Frage nach einer leipzig-typischen Architektur, die sich für die Leipziger vorwiegend an den großartigen Bauten der Zeit

zwischen 1880 und dem 1. Weltkrieg orientiert. Allerdings erwächst aus diesen Vorschriften nicht automatisch gute Achitektur, wie man z.B. an dem sehr traditionalistischen Neubau Ecke Grimmaische/Ritterstraße oder auch an der baulichen Großform des »Forum am Brühl«, die dem Wortlaut der Gestaltungssatzung buchstäblich entsprechen, sehen kann. Hier sei nochmals auf die geteilte Verantwortung für die Entstehung von Architektur verwiesen. Von der Gestaltungssatzung können Ausnahmen gestattet werden, wenn die Architekturfindung im Rahmen eines konkurrierenden Verfahrens erfolgt; so geschehen z.B. für die Baulückenschließung Hainstraße 7 (Abb. S. 50/51).
Im Folgenden sind Beispiele für unsere Beratungstätigkeit in enger Zusammenarbeit mit der Bauherrschaft und den beauftragten Architekten niedergeschrieben. Die entsprechenden Fotografien befinden sich im Bildteil dieses Buches.

Beispiel »Thüringer Hof«, Burgstrasse 19–25 (Baukörpergliederung, 1993–1996)

Der »Thüringer Hof« gilt als volkstümlichste Leipziger Bierwirtschaft. Bereits 1466 – aus dieser Zeit stammen auch die ältesten Bauteile des Hauses – wird in der Chronik eine Studentenburse und Lokalität genannt. Der historische »Thüringer Hof« wurde im Dezember 1943 vollständig zerstört und 1948/49 teilweise zweigeschossig rekonstruiert. Unmittelbar nach der Wende gelangte der »Thüringer Hof« zurück in den Besitz der Würzburger Hofbräu AG, die den Wiederaufbau beabsichtigte und zwei benachbarte Parzellen hinzuerwarb. Die sehr lebendige, gewachsene Bauform des historischen Gebäudes und die Enge und Kleinteiligkeit des städtebaulichen Raumes stellte für den Neubau vor allem die Frage nach der Baukörpergliederung. So zeigte der erste Entwurf die Monofunktion dieser baulichen Großform mit einer Vielzahl von Gliederungsversuchen, aber letztendlich wurde die Parzelle und die hier sehr bewegte Bauflucht als Schlüsselbegriff für Maßstäblichkeit aufgegeben. In der Diskussion zwischen Architekten (von Branca/München) und Bauherren einerseits und Stadtverwaltung andererseits entstand über mehrere Versuche die realisierte Baukörpergliederung, der die historische Parzellenstruktur als Grundgliederungselement zugrunde liegt. Als Erinnerungselement an den historischen »Thüringer Hof« entstand der Gebäudeteil mit dem Treppengiebel »Soli deo gloria« als Treppenhaus wieder. An diesen Grundkörper grenzen traditionelle Gebäudeteile mit Loch- und Putzfassade an; die Gebäudeteile ehemals Burgstraße 23 und 25 sind im Übergang zur Burgplatzbebauung modern gestaltet.

Über die äußere Gestaltung des Gebäudes Burgstraße 27 ist ebenfalls lange diskutiert worden, aber der Bauherr bestand auf der traditionellen Geschäftshausarchitektur, die natürlich – unter heutigen Bedingungen errichtet – weit von der Qualität der Gründerzeitbauten entfernt ist. Da er der Gestaltungssatzung wortwörtlich folgte und auch sonst nach Art und Maß der baulichen Nutzung genehmigungsfähig war, erhielt er antragsgemäß die Baugenehmigung (Abb. S. 68).

Beispiele: Brühl 6 und 8 (Fassadengestaltung, 1992–1993 bzw. 1994–1995)

Für diese eingeschossig mit einem »Früchtemarkt« genutzte Baulücke gab es bald nach der Wende zahlreiche Baubewerbungen. Nicht Bauberatung, sondern unterschiedliche Eigentumsverhältnisse regelten, dass an dieser Stelle die gesunde urbane Körnung erhalten blieb. Unstimmigkeiten der einzelnen Gebäudefassaden relativieren sich in der Abfolge der Straßenfront zwischen Hain- und Katharinenstraße mit ihren dominanten Eckgebäuden. Die Idee der Architekten für Brühl 6 (Göschel + Sziegoleit/Leipzig) war die Inszenierung eines »Architekturtheaters«: Der für die Brühlbauten charakteristische Frontispiz (Giebel über dem Hauptteil eines Gebäudes) ist als negative Form ausgebildet; der Mittelteil des Hauses öffnet sich wie ein Theatervorhang zum Erker. Für Brühl 8 standen fünf Bewerber in der »Anbahnungsliste«, die im Stadtplanungsamt geführt wurde. Entscheidend für die Grundstücksvergabe war der architektonische Entwurf: Im September 1991 votierte der Große Planungsbeirat für die Entwurfsskizze des Dresdner Architekten Dr. Wagner; an seinen Auftraggeber wurde das in Verfügungsberechtigung der Stadt befindliche Grundstück mittels Investitionsvorrangbescheid verkauft. Aber andere Architekten (RKW/Düsseldorf) erhielten den Auftrag für die Genehmigungs- und Ausführungsplanung und die Beratungen begannen erneut. Die an die Grundkomposition des Vorgängerbaus angelehnte architektonische Gestaltung des Gebäudes füllt die Baulücke etwas behäbig und ungelenk aus. Die Baulücke war kaum geschlossen, da fiel für den seit 1988 bauaufsichtlich gesperrten und einsturzgefährdeten »Wildschütz« Nr. 10/12 die Entscheidung für Abbruch und Neubau (1996/1997). In Gesprächen mit dem Architekten (API/Neu-Isenburg) verständigten wir uns auf eine Orientierung an der Fassade und der Maßstäblichkeit des abzureißenden Gebäudes; ein stuckverziertes Giebelfeld (Abguss des historischen Giebelfeldes) verziert als »Brosche« und Erinnerungselement die Mittelachse des Gebäudes über dem Erker. Viele werden sich auch noch an den detailgenau wieder installierten Schriftzug »Wildschütz« erinnern. Und es war auch hier so, dass die Ausführungsplanung anderen Architekten übergeben wurde, die wiederum eigene Ideen und neuerlichen Abstimmungsbedarf einbrachten (Abb. S. 42/43).

Beispiel »Städtisches Kaufhaus« Neumarkt 9-19 (Arkaden, 1994–1996)

Die Notwendigkeit des Übergangs von der Waren- zur Mustermesse brachte in Leipzig Ende des 19. Jahrhunderts das innerstädtische Mustermessehaus als originären Beitrag zur deutschen und europäischen Baugeschichte hervor. Das »Städtische Kaufhaus« als erster Messepalast wurde in drei Abschnitten zwischen 1893 und 1901 durch die Stadt Leipzig errichtet. Das Äußere des Baus gestalteten die Architekten um Stadtbaudirektor Hugo Licht im Gefühl für das bodenständige Leipziger Barock (»dem Messmuster ein Palast«); das Innere überzeugte durch die außerordentliche Zweckmäßigkeit der Anlage. Der quartiergroße Gebäudekomplex brannte bei dem Bombenangriff am 4. Dezember 1943 völlig aus. Der Südflügel wurde ab 1948 schrittweise wieder ausgebaut und zu Messezwecken genutzt; der Nordflügel blieb bis 1987 – in diesem Jahr begannen der Abbruch der ruinösen Reste und der Wiederaufbau – eine Ruine. 1993 erwarb Arno August Jagdfeld/Aachen das »Städtische Kaufhaus« von der Leipziger Messe GmbH und nahm zügig die denkmalgerechte Rekonstruktion des Baukomplexes in Angriff. Das Ergebnis (OFFIS-Architekten/Aachen ist sehr sehenswert, aber ich will an ein Detail erinnern, das sicherlich die Mehrzahl der Leipziger schon vergessen hat: die Arkade im Neumarkt. Diese Arkade (weitere: »Horten«, Zentralmessepalast, Goethestraße 1 und »Karstadt«) wurde nach dem von der Leipziger Stadtverordnetenversammlung am 26. Januar 1949 angenommenen Bebauungsplan für die Innere Altstadt angelegt. Arkadenanlagen waren dort vorzusehen, »wo sie durch vorhandene Gebäude und die Verkehrsbedürfnisse bedingt werden« (Verbreiterung des Straßenraumes bei Erhalt der historischen Bausubstanz). Der Fortbestand der Arkaden stieß und stößt wegen des Verkaufsraumflächenverlustes in bester Lage auf Widerstand der Eigentümer. Beim »Städtischen Kaufhaus« war es nun so, dass die denkmalschutzrechtliche Genehmigung zum Rückbau der Arkade vorlag, die städtebauliche Zustimmung aber mit der mit einem zustimmenden Votum durch die Mitglieder des Fachausschusses Planung und Bau des Stadtrates gestützten Bedingung zum Erhalt der Arkade erging. Wir plädierten für die Arkade, weil *sie zusätzlich wettergeschützten Raum für die Passanten bot und die Durchgängigkeit für Fußgänger wahrte. Da ein Bebauungsplan das rechtssicherste Instrumentarium zur Sicherung der Arkade schien, habe ich in Nachtarbeit zu Hause diesen Plan erstellt. Aber die »Schlacht« ging verloren, der Beigeordnete für Raumplanung und Stadtentwicklung erteilte aufgrund der Rechtslage und trotz Politikervotum letztendlich die Baugenehmigung – ohne Arkade. Die fünf noch erhaltenen Arkaden sind heute über den Bebauungsplan »Nutzungsarten im Stadtzentrum« im Bestand geschützt (Abb. S. 72/73).*

Beispiel »Teehaus« Thomaskirchhof 11 (Nutzungserhalt, 1997–1998)

Das 1882/83 für den Juwelier Richard Heine errichtete, komplett aus der Erbauungszeit erhalten gebliebene Gebäude beherbergt seit 1979 ein Lokal, das beliebte »Teehaus«, das seine Bedeutung aus der unmittelbaren Lage vis-à-vis der Thomaskirche bezieht. Im August 1992 brannte die Gaststätte nach Brandstiftung aus, und das Gebäude harrte seiner Sanierung. Neben dem Erhalt der Gastronomie bestanden auch eine zwanzigprozentige Wohnnutzung und eine eingeschränkte Erdgeschossnutzung (u.a. keine Banken) als planerische Ziele für das Gebäude, hinzu kam die aufwendige denkmalgerechte Restaurierung. 1993/94 hatten wir unsere Planungsziele in hartnäckigen Verhandlungen gegenüber dem damaligen Eigentümer, Dr. Jürgen Schneider und seinem Technoteam, durchsetzen können. Aber als die Baugenehmigung unterschriftsreif ausgefertigt vorlag, war Dr. Jürgen Schneider verschwunden, und die Diskussionen um Gaststätte, keine Bank und Wohnanteil begannen erneut. Erst 1996 lag der neuerliche Bauantrag vor. Ende 1998 eröffnete – sehr zur Freude der Leipziger und ihrer Gäste – die beliebte und vielbesuchte »Conditorei Teehaus« oder mittlerweile auch »Café Kandler«.

Markt 5/6

Im Februar beantragte die Alte Leipziger Lebensversicherung als neue alte Eigentümerin des Gebäudes Markt 5/6 eine etwa 22 Meter lange Lichtwerbeanlage »Alte Leipziger. Versicherungen. Kapitalanlagen. Bausparen« auf dem Brüstungsband zwischen dem 1. und 2. Obergeschoss des Gebäudes. Diese Werbeanlage war nicht genehmigungsfähig, da sie den Festsetzungen der am 18. Dezember 1991 von der Stadtverordnetenversammlung beschlossenen Gestaltungssatzung, dem damals noch gültigen Denkmalpflegegesetz vom Juni 1975 und auch den Vorschriften der Sächsischen Bauordnung widersprach. Danach haben sich Werbeanlagen in die Architektur des Gebäudes einzufügen (§ 10 (2) Gestaltungssatzung) bzw. »sind mit ihrer Umgebung derartig in Einklang zu bringen, daß sie ... deren beabsichtigte Gestaltung nicht stören« (§ 12 (2) Sächsische Bauordnung). Das war bei vorliegendem Antrag ganz und gar nicht der Fall – im Gegenteil: die Werbeanlage übergriff die 1922 mit Rücksicht auf die Gebäudeproportionen am Markt bewusst realisierte, visuell vermittelte Anlage von zwei Fassaden vor einem Gebäudegrundriss und machte aus optisch zwei Häusern ein Haus. Das Verwaltungsgericht gab uns mit seinem Urteil vom September 1993 Recht, die Klage der Alten Leipziger wurde abgewiesen. Wer sich genau am Markt umschaut, entdeckt dennoch einen vornehm hinterleuchteten kupfernen Schriftzug der Alten Leipziger – allerdings am ihr ebenfalls gehörenden Gebäude Markt 4 »Alte Waage«. Diese satzungsgerechte Werbung wurde 1997 in gemeinsamer Beratung und Kompromissbereitschaft an diesem Standort denkmalgerecht eingeordnet (Abb. S. 58).

Ausblick

Herr Gormsen schreibt in seinem Beitrag, dass zehn Jahre im Leben einer Stadt wenig sind, für die, die sie erlebten, aber sehr viel sein können. Sie sind vor allen Dingen eines – wie im Flug vergangen: Aus meinem Schulanfänger ist ein fast erwachsener Gymnasiast geworden, der mich längst um mehr als eine Kopflänge überragt. Und ich bin zehn Jahre älter. Mein Beruf ist umso mehr mein Hobby geworden, je mehr er andere Hobbys zeitlich verdrängte. Die Arbeitsaufgaben sind nicht weniger geworden, nur anders. Im Stadtzentrum sind weitgehend die »normalen« Baulücken bebaut und Sanierungen beendet. Was bleibt, sind die großen innerstädtischen Brachflächen: »Deutrichs Hof« Nikolai-/Reichsstraße, die Spitze zwischen Hainstraße und Großer Fleischergasse, das Areal Große Fleischergasse/Matthäikirchhof, die Randbebauung des Museumsquartiers. Im Gegensatz dazu stehen die vielen kleinen, aber arbeitsintensiven Vorgänge, vor allen Dingen Werbeanlagen. Längst ist die Phase unkonventioneller Zusammenarbeit gemeinsamer Stellungnahmen zwischen Stadtplanungsamt und Referat Denkmalschutz und entscheidungsfreudiger und hektischer »Baugesuchskonferenzen« zur Erteilung der Baugenehmigungen unter Leitung des damaligen Stadtrates für Stadtentwicklung und Raumplanung, Herrn Gormsen, vorbei; die deutsche Bürokratie hat uns eingeholt. Das soll nicht heißen, das Vorgänge aller Art nicht nach bestem Wissen und Gewissen zügig bearbeitet werden (die Baugenehmigung für »Porsche« konnte nach 22 Tagen erteilt werden), sondern nur, dass alle Verfahren mittlerweile formalisiert sind. Der Alltag hat uns wieder. Es ist auch schwieriger geworden, Auflagen im Baugenehmigungsverfahren durchzusetzen. Die Bauherren erfüllen längst nicht mehr alle Behördenauflagen, nur um schnell eine Baugenehmigung zu erhalten und damit im Run auf guten Büroraum schnell günstige Mietverträge abschließen zu können. Es bleibt spannend. Auf die nächsten zehn Jahre.

Jens Müller: Denkmalschutz und Denkmalpflege in den Wendejahren (1990–2000)

Die ganz großen Monumente der Kunstgeschichte hat Leipzig, die einst bedeutende sächsische Industrie- und Handelsstadt, nicht aufzuweisen. Stattdessen ein amtliches Verzeichnis, das nahezu 17 000 denkmalwerte Objekte beinhaltet – Gebäude, Parkanlagen, archäologische Fundstätten, Bildkunstwerke. Mit dieser Zahl dürfte die Stadt einer der denkmalreichsten Orte in Deutschland sein. Daraus den Schluss ziehen zu wollen, es handele sich um Masse statt Klasse, wäre verfehlt. Erstens lässt sich das mit der Denkmalerfassung betraute Landesdenkmalamt von einheitlichen Qualitätsmerkmalen innerhalb der sächsischen Kulturlandschaft leiten, und zweitens ist Leipzig tatsächlich der Sonderfall unter den deutschen Großstädten, indem es sein Gesicht, das ihm die wilhelminische Ära und die Jahre nach den beiden Weltkriegen gaben, bis heute weitgehend bewahren konnte. Selbstverständlich spielt hierbei der fast ungestört überkommene Stadtgrundriss mit jenen teils in geschlossener, teils in offener Bauweise errichteten Gebäuden der sogenannten Gründerzeit (1870–1910) die tragende Rolle. Wenn man so will, besteht Leipzig aus mehreren großräumig wirkenden Denkmalensembles, wie dem Waldstraßenviertel, dem Musikviertel, einigen Quartieren beiderseits der Ausfallstraßen mit den planmäßigen Überbauungen der damals eingemeindeten Vororte, Teilen des westseits gelegenen ehemaligen Industriereviers und anderen. Allen voran ist natürlich das Stadtzentrum zu nennen, das allerdings die meisten Veränderungen in seiner jüngeren Geschichte erfahren hat.

Bis zum Jahr der Wiedervereinigung Deutschlands 1990 hatte die Stadt einen heute kaum noch nachvollziehbaren Verfallsgrad erreicht. Besonders auffällig traten die Schäden in den großflächig vorhandenen Gründerzeitquartieren zu Tage, die – anders als das Stadtzentrum – kaum Kriegsverluste aufwiesen und von Flächenabbrüchen der Nachkriegszeit verschont geblieben waren. Der Abbruch ganzer Stadtquartiere und Ersatz durch Plattenmontagebau ereilte Leipzig erst in den Achtzigerjahren. Betroffen waren Teile der Ostvorstadt zu einer Zeit, als man dem Massenwohnungsbau des späten 19. Jahrhunderts, um den es sich hier handelte, im Allgemeinen Denkmalwerte zuerkannte, die betroffenen Gebäude jedoch nicht ausdrücklich zu Denkmalen erklärt hatte. Fiel gründerzeitliche Architekturdekoration, insbesondere eine erhebliche Zahl an reich verzierten Dachaufbauten, in den Jahren zwischen den Weltkriegen, auch noch kurze Zeit danach, einer gewandelten Baugesinnung zum Opfer, so waren die späteren hohen Verluste im ostdeutschen Staat bei zunehmender Wertschätzung der zuvor geschmähten Architekturformen ausschließlich einer allgemeinen bauwirtschaftlichen Misere geschuldet. Typische Schadensbilder, die Straßenzüge und ganze Quartiere prägten, waren der Verlust des erdgeschossigen Architekturdekors, insbesondere der weitverbreiteten Rustizierung, infolge von aufsteigender Nässe; desweiteren defekte Dächer, deren Notreparatur merkwürdigerweise die Demontage einer großen Anzahl der Dachüberstände und damit des für die Wirkung der Häuser so wichtigen Ziergebälks beinhaltete. Darüber hinaus war noch das ersatzlose Entfernen der schadhaften Balkone auffallend. Ansonsten hatte eine unglaubliche Fülle von Originalsubstanz die Zeiten überdauert, ungepflegt zwar und unwirtlich für die Benutzer, jedoch nicht ohne einen gewissen morbiden Charme. Von Letzterem kann in der Nachbetrachtung wohl nur dann die Rede sein, wenn der noch nicht zu weit fortgeschrittene Verfallsgrad es zuließ, der im Großen und Ganzen hoffnungslosen Situation eine positive Seite abzugewinnen. Verbraucht wie das Äußere war auch das Innere der meisten Häuser. Hier hatte unterlassene Baupflege oder nur sehr bescheidene Renovierungstätigkeit die zum überwiegenden Teil vor etwa 100 Jahren entstandenen Sachzeugen bestehen lassen. Man denkt hierbei unwillkürlich an die vielen originalen Fenster, verzierten Beschläge, Türen, Treppenhäuser mit farbigen, bleigefassten Verglasungen und Ausmalungen, Kachelöfen und dergleichen mehr.

Weit weniger gefährdet waren die archäologischen Denkmale, die im Boden ruhten und die zu Denkmalen erklärten Parkanlagen, des weiteren Kleindenkmale wie Brunnen, Plastiken, technisches Gerät. An grobe Eingriffe in denkmalwerte Bereiche des Stadtraumes von hohem Zeugniswert, wie un-

Friedrich-Ebert-Straße 98: Auch Details wurden mittlerweile an fast allen Häusern gründlich restauriert.

längst am Peterssteinweg mit dem Abbruch des Denkmals Emilienstraße 1 (1852 erbaut) geschehen, war spätestens seit Mitte der Siebzigerjahre nicht zu denken, so dass die Denkmalpflege zu ausdrücklicher Unterschutzstellung unantastbar erscheinender »Eckpfeiler« im Stadtgrundriss keine Veranlassung hatte.

1975 trat das Denkmalpflegegesetz der DDR in Kraft. In diesem Gesetz war der Denkmalbegriff weitreichend und eindeutig formuliert. Während Baupolitik und Bauwirtschaft außerstande waren, dem Erhaltungsgebot und dem damit verbundenen hohen kulturtragenden Anspruch des Staates auch nur ansatzweise zu entsprechen, gab das Gesetz all jenen um den Verlust ihrer heimatlichen Werte besorgten Bürgern ein Instrument an die Hand, politisch Druck für das Erhalten der Denkmale auszuüben und Abrisse zu erschweren oder, wie mehrfach geschehen, ganz zu verhindern. Begleitet wurde das Inkrafttreten des Denkmalschutzgesetzes von der Gründung eines stadteigenen Denkmalpflegebetriebes und der Anstellung eines städtischen Denkmalpflegers. Konnte dessen Einfluss auf größere Sanierungsvorhaben, z.B. in der Ostvorstadt, nur gering sein, gelangen doch im kleineren Rahmen in der Innenstadt, so am Fregehaus (Katharinenstraße 11) um 1980 und Bosehaus (Thomaskirchhof 16) 1983, vielbeachtete Restaurierungsergebnisse, die eine bis dato in Leipzig nicht gekannte Hinwendung zum Detail beobachten ließen. Dies sollte bei späteren Arbeiten an Baudenkmalen unter günstigeren Bedingungen maßgebend werden. Auch wenn Aussichten für weitere derart aufwendige Restaurierungen kaum bestanden haben, so wurden doch eifrig und nie ganz ohne Hoffnung für besonders gefährdete wertvolle Bauten Restaurierungsstudien erarbeitet, die sich während des Baubooms ab 1990 als sehr wertvoll für schnell zu fällende fachliche Entscheidungen erwiesen haben. Teils wurden diese Studien von zwei aus der Technischen Universität Dresden hervorgegangenen Architekten, Jürgen Mehlhorn und Thomas Rau (u.a. Bosehaus, Bayerischer Bahnhof, Webers Hof, Barthels Hof, Königshaus), teils vom Verfasser dieses Aufsatzes erarbeitet (u.a. Katharinenstraße 11, 21; Seeburgstraße 45). Allen diesen Studien, auch denkmalpflegerische Zielstellungen genannt, ist neben der konservatorischen Pflichterfüllung, nämlich der Bewahrung des Originals, das Bestreben eigen, aus einer weitgehend verbrauchten und gestörten Baumasse wieder ein Werk der Baukunst sinnfällig für den Betrachter bis ins Detail entstehen zu lassen. Die gründliche Auswertung archivalischer Quellen in Verbindung mit aufwendigen Untersuchungen am Baudenkmal – der Zugang zum ruinösen, meist nicht mehr nutzbaren Gegenstand des denkmalpflegerischen Interesses ist jederzeit möglich gewesen – war Voraussetzung für derartige Zielvorgaben mit wissenschaftlichem und künstlerischem Anspruch. Die Zeit hierzu war gegeben und der Wissenszuwachs für den Denkmalpfleger enorm. Was für eine Genugtuung und was für ein Glück, von dieser Warte aus nach der politischen Wende auf der Grundlage von Marktwirtschaft, staatlichen Förderprogrammen und gesicherten Verwaltungspositionen derart qualifizierte Vorgaben anbieten und durchsetzen zu können!

Denkmalschutz und Denkmalpflege unterstehen in der Bundesrepublik Deutschland der Kulturhoheit der Länder. Mit der deutschen Wiedervereinigung und der Neugründung des Landes Sachsen wurden westdeutsche Verwaltungsstrukturen übernommen. Das für die fachliche Anleitung, Forschung und Inventarisation zuständige Institut für Denkmalpflege in Dresden wurde, was es früher schon einmal war: das Landesamt für Denkmalpflege Sachsen. Unter der Voraussetzung des Aufbaues einer arbeitsfähigen Behörde konnten kreisfreie Städte, so auch Leipzig, die im neuen Denkmalschutzgesetz vom 3. März 1993 bestimmten Verwaltungsaufgaben zum Schutz der Denkmale übertragen bekommen und, soweit das Einvernehmen mit dem Landesdenkmalamt herstellbar war, in eigener Verantwortung entscheiden.

Leipzigs große Zahl an Denkmalen, für die Stadt Lust und Last zugleich, ist in Deutschland und wohl auch darüber hinaus ohne Beispiel. Der gewaltige Investitionsdruck in den ersten Nachwendejahren bedingte bei dieser Anzahl, dass fast jedes Baugesuch die Denkmalschutzbehörde passieren musste. Nur die vielen ungeklärten Eigentumsverhältnisse, die das Baugeschehen teilweise verzögerten, haben die kleine, aber unumgängliche Institution vor dem Kollaps bewahrt. Bald war vom »Nadelöhr« in der Stadtverwaltung die Rede, das der personellen Stärkung bedurfte. Das Stadtparlament ging von einem Referat für den Denkmalschutz mit der Besetzung wie in Köln, also von 25 Personen, aus. Mit Rücksicht auf den damaligen Stadthaushalt sollte diese Arbeitskräftezahl nicht sofort, sondern in einer Zeitspanne von mehreren Jahren erreicht werden. Das Referat begann in der Zeit höchster Anspannung mit fünf Personen und erreichte die bis heute bestehende haushaltsverträgliche Stärke von 15. Gründung und Leitung des Referates oblag dem vom »Runden Tisch« gekommenen städtischen Denkmalpfleger. Die damals geschaffene, ausschließlich an den örtlichen Gegebenheiten und den für Leipzig absehbaren denkmalpflegerischen Anforderungen orientierte Struktur des Referates hat sich bis in die Gegenwart bewährt. Zunächst musste improvisiert werden. Die Betreuung des nahezu komplett unter Denkmalschutz stehenden Stadtzentrums mit seinen baulichen Besonderheiten und dem höchsten

Investitionsdruck übernahm der Leiter der Behörde; das ansonsten durch einen Park- und Waldstreifen in Ost und West unterteilte Stadtgebiet betreuten die zunächst hinzugekommenen zwei Denkmalpfleger. Zwei weitere Gründungsmitglieder bewältigten zum einen die Schreib- und Sekretariatsarbeit, Haushalt und Personal, zum anderen das Sachgebiet Parkanlagen und Kleindenkmale. Zu Letzteren zählte auch das Bergungsgut des früheren städtischen Denkmalpflegebetriebes, dem ohne eindeutige Eigentums- bzw. Besitzverhältnisse der Verlust drohte. Erst mit dem nach und nach erfolgten personellen Zuwachs näherte sich das Referat dem erwünschten Ziel der stadtbezirksweisen Betreuung des Denkmalbestandes durch je einen Bearbeiter. Denkmalpfleger ist kein Ausbildungsberuf. Man findet zu ihm durch ein einschlägiges Studium, eine Schulung im Denkmalschutzrecht, den Umgang mit Architekten, Restauratoren, Bauingenieuren und Handwerkern.

So versteht es sich von selbst, dass das Referat unter den Voraussetzungen der Wendezeit auf den Einsatz junger, sehr belastbarer Mitglieder mit besonderer Auffassungsgabe und einem gesicherten Grundlagenwissen über die Wirkungsweise von Denkmalen angewiesen war. Nicht allein oberflächliches Betrachten und banales Erhaltenwollen des geschützten Gegenstandes waren gefordert, sondern viel mehr galt und gilt es weiterhin, die überlieferte Form bezüglich ihres Sinngehaltes zu hinterfragen und diese von daher im gegenwärtigen Tun neu zu verankern. Ob Denkmalschutz verkümmert oder mit Erfolg agieren kann, hängt aber auch, neben der nicht zu unterschätzenden Rolle der Einzelpersönlichkeit auf Leitungsebene, von der sachlich – im Sinne eines kooperativen Kräftezuwachses – begründeten institutionellen Verknüpfung ab. Für die Leipziger Verhältnisse der Nachwendezeit hieß das Nähe zum Bauwesen durch Anschluss an das Planungsdezernat. Hier leistete ein Architekt zu dieser Zeit als Dezernent eine enorme Aufbauarbeit, hier war auch der Ort, an dem ein Denkmalpfleger mit ähnlichen Absichten die erforderliche Anerkennung und Förderung seines Faches erwarten konnte. Und noch etwas war von Belang: In Achtung gebietender Menschlichkeit vermochte der erfahrene Beamte aus Mannheim mit dem Befund, den die Stadt ihm bot, und den Befindlichkeiten ihrer Bewohner umzugehen. Keine Spur also von einem jener sprichwörtlichen »Karrieristen aus dem Westen«, denen sich die baukünstlerischen Werte einer fremd bleibenden Stadt nicht erschließen, denen jede Investition, welche die Preisgabe solcher Werte zur Voraussetzung hat, als Erfolg erschienen, hingegen die Unwiederbringlichkeit des aufgegebenen Denkmals kaum als Misserfolg bewusst geworden wäre. Selbstverständlich kann Denkmalschutz nicht losgelöst von den wirtschaftlichen Verhältnissen praktiziert werden.

Friedrich-Ebert-Straße 98, erbaut 1895; Zustand nach der Sanierung (2000); Bauherr: Erik Raule; Architekt: Gustav Fiedler

Ausgehend vom Gedanken des Grundgesetzes, dass Eigentum nicht nur Eigennutz, sondern auch eine Verpflichtung gegenüber der Öffentlichkeit bedeutet, leitet sich die Erhaltungspflicht von Denkmalen im Rahmen der wirtschaftlichen Zumutbarkeit ab.
Als wirtschaftlich zumutbar gilt in der Regel etwa ein Viertel der durch behördliche Auflagen bedingten denkmalpflegerischen Mehraufwendungen. Alles, was an Belastungen darüber hinausreicht, sollte durch staatliche Förderungen finanziert oder durch Reduzierung der Auflagen zurückgenommen werden. Das Land Sachsen, das den Denkmalschutz in seine Verfassung aufgenommen hat, ließ dem Leipziger Denkmalbestand in den Nachwendejahren großzügige Förderung zukommen. Doch wäre damit allein die durchweg hochgradig verfallene Denkmalsubstanz nicht zu retten gewesen. Dazu bedurfte es dieses einmaligen Investitionsschubes, den Leipzig in der Tat erfahren hat. Geradezu sensationell war das Auftreten des Frankfurter Bauunternehmers Jürgen Schneider. Dieser mobilisierte das Kapital in Milliardenhöhe. Vorzugsweise den gefährdetsten und wertvollsten profanen Baudenkmalen in der Innenstadt kam ein großer Teil dieses Geldes zugute. Nach seiner Pleite, wohl die größte des Bau- und Immobiliengeschäfts in Deutschland, vollendeten die Gläubiger seine sehr aufwendigen Restaurierungsprojekte, zum Beispiel das großartige Ensemble Markt 8/Hainstraße 1-7/Kleine Fleischergasse 2, auch als Barthels Hof bzw. Webers Hof bekannt.
Allein am Beispiel dieses Bauensembles kann die mit Erfolg auch an Hunderten anderen Aufbauvorhaben erprobte Verfahrensweise des Denkmalschutzes der Nachwendejahre demonstriert werden. Der Planung ging ein Architektenwettbewerb voraus, dessen Auslobungstext umfangreiche denkmalpflegerische Prämissen enthielt. Neben dem Landesamt für Denkmalpflege begleitete der städtische Denkmalpfleger als Fachberater das Verfahren von der Besichtigung der künftigen Baustelle mit den Wettbewerbsteilnehmern bis zur Stimmabgabe der Jury. So konnte den in der Regel mit der Geschichte des Ortes und mit den mehr oder weniger vom Verfall überdeckten kultur- und kunstgeschichtlichen Werten kaum vertrauten Teilnehmern das denkmalpflegerische Anliegen nahe gebracht werden. Ein Wettbewerb mit so starken Bindungen an vorhandene Substanz hatte vorrangig die Realisierbarkeit eines nach kaufmännischen Gesichtspunkten erdachten Nutzungskonzeptes nachzuweisen, darüber hinaus auch architektonische Lösungen für vorhandene Baulückenschließungen, die denkmalverträglich sein sollten, zu erbringen. Auf den Wettbewerbssieger, in diesem Fall das Düsseldorfer Architekturbüro Rhode, Kellermann, Wawrowski, kam nun die Aufgabe zu, in enger Abstimmung mit dem Denkmalpfleger die Detailpläne für die Genehmigungsplanung und später auch für die Ausführungsplanung zu qualifizieren. Eine ebenso intensive denkmalpflegerische Betreuung während der mehrjährigen Restaurierungsarbeiten erfuhr in engem Kontakt mit der Bauleitung das Bauhandwerk, insbesondere die Maurer, Zimmerleute, Stukkateure, Fensterhersteller und Maler.
Das einst ruinöse Denkmalensemble Barthels Hof (erbaut um 1523, umgebaut um 1730 und 1870) / Webers Hof (1662) ist heute wegen seiner kulturgeschichtlichen Hintergründe und seiner wiedererlangten architektonischen Schönheit Anziehungspunkt für viele Einheimische und Touristen. Dass diese sehr aufwendige Erneuerung – bestehend aus einer Mischung aus baulichen Eingriffen in die überkommene Struktur, Restaurieren des Bestehenden, Ersatz verloren gegangener, jedoch künstlerisch bedeutsamer Bauteile durch Kopien, Ergänzung mittels rücksichtsvoll eingefügter neuer Architekturformen und Preisgabe der archäologischen Fundstätte durch Neuunterkellerung – einen Kompromiss zwischen wirtschaftlichen und funktionalen Erwägungen, Gestaltungswillen des Architekten und denkmalpflegerischem Auftrag darstellt, bleibt dem Betrachter verborgen. Barthels Hof/Webers Hof ist eines der zahlreichen Beispiele vom Beitrag der Denkmalpflege zur Stadterneuerung im ersten Jahrzehnt nach der politischen Wende. Leipzig hat insbesondere durch die vielen restaurierten Baudenkmale an Attraktivität gewonnen (Abb. S. 54–57).
»Wenn man heute ... durch die Hainstraße geht«, schreibt der Präsident des Landesamtes für Denkmalpflege Sachsen, Professor Gerhard Glaser, an den Verfasser, »wird bewußt, wie sehr die Heterogenität von Bewahrtem, Rekonstruiertem und Neuem gerade den Charme einer solchen Stadt wie Leipzig ausmacht«.
Der allgemein hohe Verfallsgrad und die Wiedererlangung der Nutzbarkeit führen zwangsläufig zum Verlust an originaler Substanz und damit zum alltäglichen Konflikt mit der konservatorischen Aufgabe. Diesem Konflikt mussten sich schon die Denkmalpfleger zu Beginn unseres Jahrhunderts stellen, als es darum ging, das verfallene Alte Rathaus (1556) am Markt abzubrechen oder von Grund auf zu erneuern. Letzteres geschah 1906 in einer Qualität, die wir heute wiederum als denkmalwert achten, obwohl vieles vom ursprünglichen Bestand aufgegeben werden musste. Es bleibt zu hoffen, dass die eine oder andere Restaurierungsleistung unserer Zeit ebensolche Anerkennung nachfolgender Generationen finden wird.

Riemannstraße 35/37: Alt und Neu in direkter Nachbarschaft

Bürogebäude und Banken

In der DDR wurden reine Bürogebäude nur selten gebaut. Denn für den Bedarf an Büroflächen für staatliche, kommunale oder Partei-Dienststellen, für Industrie-, Bau- und Handelsbetriebe, aber auch Polikliniken u.a.m. verwendete man zuerst die vorhandenen Funktionsgebäude früherer Banken und Versicherungen, die in der DDR nicht mehr existierten. Später wurden großbürgerliche Wohngebäude und Villen für Verwaltungszwecke umgenutzt, und schließlich hat man sich mit Baracken beholfen. Als mit Öffnung der Mauer die Banken und Versicherungen, Handelsvertretungen, Anwaltskanzleien, Ingenieur- und Architektenbüros in der DDR bzw. den neuen Ländern (wieder) Fuß fassten, entstand ein großer Bedarf an Büroflächen. Denn die vorhandenen, zu DDR-Zeiten genutzten Büros standen entweder nicht sofort zur Verfügung, entsprachen den höheren Anforderungen nicht oder reichten nicht aus. Deshalb mieteten sich viele Firmen zuerst in den wenigen großen Hotels ein und zahlten damals oft mehr als 50 DM für den Quadratmeter Bürofläche.

Um den Banken eine schnelle Ansiedlung zu ermöglichen – sie hatten ja den Umtausch von Mark der DDR in D-Mark zu bewältigen –, genehmigte man ihnen die Errichtung von Bürocontainern als Provisorien auf Brachflächen, u. a. auf dem Wilhelm-Leuschner-Platz.

Dort hatten die Deutsche Bank, die Dresdner Bank, die Commerzbank und die Bayerische Vereinsbank ihre Container etwa bis 1995 geparkt, bis die inzwischen errichteten Neubauten oder zurückgegebenen Altbauten saniert, modernisiert und nutzbar waren.

1990–1995: Die Bankcontainer auf der Brachfläche am Wilhelm-Leuschner-Platz (Bayerische Vereinsbank vorn, Commerzbank im Hintergrund). Das Neue Rathaus ist noch grau und weist – innen wie außen – viele Schäden auf.

Die großen Banken suchten schnell nach festen Standorten. Die Deutsche Bank bezog bald wieder ihren Stammsitz an der Schillerstraße (sie musste nur die Abdeckung über dem eingemeißelten Schriftzug über dem Haupteingang entfernen!), die Dresdner Bank den ihren in der Goethestraße. Beide restaurierten die Gebäude vorbildlich, beide errichteten aber ebenfalls Verwaltungsneubauten: die Deutsche Bank auf dem Rossberg bei Schkeuditz, die Dresdner Bank am Dittrichring gegenüber der Thomaskirche in einer Baulücke an der Pleiße (siehe S. 117).

Die Commerzbank erwarb einen Neubau am Georgiring neben der Hauptpost, die Bayerische Vereinsbank baute selbst nach einem Wettbewerbsentwurf am Dittrichring.

Linke Seite:
Das Messehaus »Kosmos«, Dittrichring / Ecke Gottschedstraße, erbaut 1920.
Oben: Bis 1995 war das Gebäude in heruntergekommenem Zustand, am linken Bildrand die große, als Lagerplatz genutzte Baulücke, auf der der Neubau der Dresdner Bank errichtet wurde.
Unten: 1998: Das Messehaus »Kosmos« ist saniert und die Baulücke mit dem Verwaltungsbau der Dresdner Bank geschlossen. Bauherr und Architekt: Otto Laumer

Rechte Seite:
Der Neubau des Verwaltungsgebäudes der Dresdner Bank liegt an der geöffneten Pleiße und dem neu angelegten Fußgängerplatz an der ehemaligen Thomasmühle. Entwurf: Siegfried Knoll; Architekten: KSP (Kaiser, Siebertz + Partner, Frankfurt mit Architekt Engel)

Lipanum, Büro- und Verwaltungsgebäude am Dittrichring, erbaut 1914/15 als Handelshochschule; Architekt: Dybwad, Norwegen

Nach der Sanierung (1996 bis 1998); Architekt: Novotny, Mähner und Assoziierte, Offenbach; Bauherr: Bilfinger + Berger und Rendata Projektentwicklung

Die Sparkasse schloss sich mit der neugegründeten Sächsischen Landesbank zusammen und errichtete mit ihr einen großzügigen Bürokomplex zwischen Löhr- und Nordstraße in der Nähe des Hochhauses des Hotels Merkur (heute Inter-Conti). Standort und städtebauliches Konzept entsprangen dem Ergebnis eines Workshops, der 1992 veranstaltet worden war, um schnell zu einer stadträumlichen Konzeption für die großen Brachflächen in der Nachbarschaft des Hotelhochhauses zu gelangen, der so genannten City Nord.

Bis 1994 stand das Hochhaus des Hotels Merkur (heute Inter-Conti) allein zwischen mehreren Lagerplätzen und Baracken.

Löhrs Carré, Verwaltungskomplex der Stadtsparkasse und der Sächsischen Landesbank; Architekt: Helma Wöhrle, München; Bauzeit: 1994 bis 1996

Die Banken verursachten für die Innenstadtentwicklung in den ersten Nachwende-Jahren ein Problem: Sie konnten sich immer die besten Standorte aussuchen, weil sie immer die besten Mietkonditionen bieten konnten (siehe S. 63).
So bestand die Gefahr, dass die Nikolaistraße zu einer Bankenmeile werden würde, nachdem sich dort schon bald Deutsche Bank, Vereinsbank und (vorübergehend) Commerzbank niedergelassen hatten. Nichts gegen Banken – aber eine Geschäftsstraße lebt von der möglichst kontinuierlichen Folge von interessanten Schaufenstern mit vielfältigem Warenangebot. Banken, Versicherungsfilialen (und auch Spielhallen!) mit ihren meist wenig attraktiven Aushängen oder gar leeren Schaufenstern unterbrechen diese gewünschte Kontinuität und können, wenn sie gehäuft auftreten, eine Geschäftsstraße kaputt machen.
Als man diese Gefahr erkannt hatte, wurde in der Planungsverwaltung versucht, die Banken an andere Standorte zu lenken. Das gelang bezüglich der größeren Neubauten (siehe oben!), nicht aber ohne weiteres bei den Filialen. Deshalb wurde in einem Textbebauungsplan, der für die Innenstadt die Nutzungsarten regelt, u. a. festgesetzt, dass in den dort näher beschriebenen Geschäftsstraßen in den Erdgeschossen nur Läden mit Warenverkauf allgemein zulässig sind, d. h. Banken usw. nur als Ausnahme oder in den Obergeschossen. Der Bebauungsplan ist seit August 1998 rechtskräftig.
Die Sparkasse hat in dieser Hinsicht vorbildlich gehandelt, indem sie ihre Filiale am Markt aus Anlass der Sanierung des Eckhauses in die Hainstraße verlegte, um ein Restaurant an den Markt zu bringen: den »Weinstock« mit seinem beliebten Straßencafé.
Die große Nachfrage nach Büroflächen und die Erwartung, dass Leipzig sich zur Banken- und Dienstleistungsmetropole der Neuen Länder entwickeln würde, zog die Projektentwickler und Investoren in großer Zahl an. Alle wollten von dem erwarteten großen Kuchen ihr Stück abbekommen. Eine wahre Flut von Bauanträgen schwappte ab 1990 auf die Tische des Stadtplanungs- und Bauordnungsamts der Stadt – jeder wollte so schnell wie möglich eine Baugenehmigung, aber auch so hoch und groß wie irgend möglich bauen, die Ausnutzungsziffer (Geschossflächenzahl GFZ) musste möglichst hoch sein: je höher sie lag, desto mehr verteilte sich der Grundstückspreis auf die geplanten Büroflächen – und umso mehr verdiente ein Entwickler bei der Realisierung oder beim Verkauf!

Dresdner Straße (1988 »Straße der Befreiung«): Lücke und ehemals Kaufhaus »Fortschritt«

1999: Neubau der Sparkasse; Architekten: Gruppe 77, Döring + Schulze, Leipzig

Reichsgericht, Harkortstraße/Simsonplatz, erbaut 1895. Als Reichsgericht genutzt bis 1945, als Dimitroff-Museum (Museum der bildenden Künste) von 1950 bis 1997. Seither Umbau und Restaurierung für das Bundesverwaltungsgericht, das 2002 von Berlin nach Leipzig umziehen wird.
Oben: Appell der Betriebskampfgruppen auf dem Dimitroff-Platz (heute Simsonplatz).
Unten: Bauzustand Dezember 1999

In dieser Phase ist die städtebauliche Beratung, wie sie im Stadtplanungsamt, im Bauordnungsamt und bei der Denkmalpflege geboten wird, sehr wichtig. Denn hier wird in oft intensiven und manchmal hartnäckigen Beratungen mit dem Bauwilligen eine bauliche Lösung gesucht, die sich in Funktion und Gestalt in die jeweilige Situation und das Stadtbild einfügt, denkmalpflegerische Forderungen berücksichtigt und dennoch den Wünschen des Bauwilligen so weit wie möglich entspricht. Darüber berichten Heike Scheller und Jens Müller aus ihren Erfahrungen. Dass von den Bauwilligen kurz nach der Wende manche architektonischen oder denkmalpflegerischen Zugeständnisse gemacht wurden, um so schnell wie möglich eine Genehmigung zu erhalten, sei nicht verschwiegen!
Die Bedarfsprognosen der Developer und Investoren wurden offenbar nicht untereinander abgestimmt – bei den Büroräumen so wenig wie bei Hotels, Gewerbeflächen und schließlich auch bei den Wohnungen. Denn nicht nur die geplanten, sondern auch die gebauten Büroflächen überstiegen bald die echte Nachfrage: Es wurde viel mehr gebaut als man benötigte. Noch jetzt stehen in Leipzig mehr als 800 000 Quadratmeter Büroflächen leer – offenbar wurden der Bedarf und die Nachfrage stark überschätzt. Denn die Wirtschaft hat sich nicht so weiterentwickelt, wie es 1990 erwartet worden war.
Hier könnte die Bundesregierung selbst helfen, indem sie weitere Bundesbehörden oder dem Bund nahe stehende Institutionen nach Leipzig verlegt, anstatt solche Einrichtungen von Leipzig abzuziehen, wie erst kürzlich die Leipziger Außenstelle des Bundesamtes für Kartographie und Geodäsie. Sie sollte nach Frankfurt am Main verlegt werden. Dort sind Büroflächen und qualifiziertes Personal sicher teurer und weniger leicht zu finden als in Leipzig, wo das alles in Fülle vorhanden ist! Denn für die Standortwahl solcher Ämter ist die Regierung zuständig und benötigt nicht einen Parlamentsbeschluss wie beim Bundesverwaltungsgericht, das auf diesem Wege in Leipzig seinen Sitz nehmen wird: Zurzeit wird das ehrwürdige Reichsgerichtsgebäude mit viel Aufwand renoviert und für diese Funktion umgebaut. Es wurde bekanntlich fast 50 Jahre lang als Museum der bildenden Künste und vor allem – in Erinnerung an den Reichstagsbrandprozess von 1933 – als Dimitroffmuseum genutzt, weshalb viele ältere Leipziger noch immer diesen Namen gebrauchen.

Hotels

Wie mit den Büros, so ging es auch mit den Hotelbetten: Zuerst gab es einen riesigen Nachholbedarf, weil es in Leipzig trotz der Messe nur wenige gute und große Hotels gab, die Nachfrage aber nach der Maueröffnung und all den neuen Aktivitäten rasant zunahm. Inzwischen wurden viele Hotels aller Größen und Qualitäten gebaut, aber die Nachfrage ließ eher nach. Deshalb haben die Hotels Probleme mit ihrer Auslastung. Denn schon bald nach 1990 gab es viele Projekte für Hotelneubauten, vor allem in der inneren Stadt, aber auch im Umland. Hierbei lief es ähnlich wie beim Einzelhandel: Die Projekte im Umland konnten oft schneller realisiert werden als in der Stadt mit ihren Grundstücksproblemen.

Die ersten Projekte waren aber eher kleinere Häuser wie das »Deutsche Haus« in der Waldstraße, das »Adagio« in der Seeburgstraße, das aus einer schlimmen Ruine entstand, oder der »Leipziger Hof« in der Hedwigstraße in Volkmarsdorf – die Umwandlung eines leeren Gründerzeithauses, das nun wieder seine alte Schönheit zeigt.
Von den großen Hotels aus der Vorwendezeit haben einige mehrfach den Betreiber und zugleich ihren Namen gewechselt: Das »Merkur« wurde »Inter-Conti«, aus »Hotel am Ring« wurde zuerst »Hotel Deutschland« und dann »Mercure«, aus dem »Goldenen Löwen« wurde »Holiday Inn«, und das »International« wurde wieder der »Fürstenhof«.
Neu gebaut wurden u. a. »Dorint«, »Novotel«, »Ibis«, »Marriott« und »Renaissance« im Stadtzentrum, »Ramada« (jetzt »Europa«) im Graphischen Viertel, »Hotel Lindner« in Leutzsch, »Leonardo« in der Südvorstadt und »Diani« in Probstheida, darüber hinaus eine größere Zahl kleinerer und mittlerer Häuser in verschiedenen Stadtteilen und im ganzen Umland, so dass nun auch bei den Hotelbetten ein Überangebot vorhanden ist. Dabei sind einige Hotels verschwunden: das Hotel »Stadt Leipzig« wurde abgebrochen; das »Continental«, das eine Seniorenresidenz werden soll, wird umgebaut; und schon 1996 wurde das traditionsreiche »Astoria« geschlossen (nachdem es seit 1992 viele Pläne und Konzepte für seine Modernisierung und einen teilweisen Totalumbau gab). Ob es noch eine Zukunft haben wird – was man schon aus städtebaulichen Gründen hofft –, ist ungewiss.

Da auch bei den Hotelbetten anfänglich der Mangel sehr groß war, die neuen Projekte aber nicht so schnell auf den Markt kamen, wurde 1993 überlegt, auch für die Hotels Provisorien auf fünf bis sieben Jahre zu errichten. Von mehreren ins Auge gefassten Interims-Standorten für Container-Hotels konnte letztlich – Gott sei Dank! – nur der an der Prager Straße auf Höhe der Etzoldschen Sandgrube (gegenüber dem Südfriedhof) verfügbar gemacht werden. Aber auch dieses Projekt stand unter keinem guten Stern; denn sowohl Bauunternehmer wie Investor machten Pleite, die leichten Bauten wurden nie fertig gestellt, verfielen langsam und werden im Jahr 2000 wieder abgetragen – ein weiteres Zeichen dafür, wie schnell sich in solchen Übergangszeiten Prognosen und Pläne ändern können.

Silke Heit: Hotel Adagio

Als in den Achtzigerjahren in der DDR viele alte Wohnhäuser der typischen Plattenbauweise von Neubauten wichen, sollte auch das Haus Seeburgstraße 96 abgerissen werden. So erhielten alle sieben Mietparteien in anderen Wohngebieten Neubauwohnungen. Wenige Monate später, als das Hinterhaus schon eingerissen worden war, entschied das Amt für Denkmalpflege, dass die Häuserreihe Seeburgstraße 94/98 wegen der reich verzierten Fassaden und der aufwendig gestalteten Hauseinfahrten erhalten bleiben sollte. Alle drei wurden unter Denkmalschutz gestellt.

Nachdem das Haus nun unverschlossen für jedermann zugänglich war, verwahrloste es bis zum Sommer 1990 in einem kaum vorstellbaren Ausmaß. Alle irgendwie brauchbaren Teile wurden von Interessenten aus- und abgebaut, der Fassadenputz bröckelte, fast alle Fensterscheiben waren zerbrochen. Bauarbeiter schütteten Baumüll durch die offenen Kellerfenster. Rowdys hinterließen Spuren ihrer Aggression in allen Etagen.

Von der Idee beseelt, ein kleines Hotel als Existenzgründung zu eröffnen, suchte ich ein geeignetes Objekt zum Hotelumbau. Mit einem Eigenkapital in Höhe von 10 000 DM interessierte ich mich für ein preiswertes Grundstück mit Ruine, welches ich mit Förderkrediten, Zuschüssen und Eigenleistungen sanieren wollte. Zunächst musste ich in ruhiger Lage eine geeignete Ruine finden.

Das Wohnhaus Seeburgstraße 96 betrat ich am 22. Mai 1990 zum ersten Mal. Durch die halbgeöffnete große Eingangstür, in der die Türverschalung teilweise fehlte, bahnte ich mir einen Weg über Schutt- und Müllberge, um in das Treppenhaus zu gelangen. Hier waren ab der zweiten Etage einzelne Stufen aus der Eichenholztreppe herausgeschlagen, so dass ich nicht bis in das Dachgeschoss gelangen konnte.

Hotel Adagio, Seeburgstraße 92. Zustand 1991 als totale Ruine

Der Vandalismus hatte solche Spuren hinterlassen, dass ich von den wunderschönen Gründerzeit- und Jugendstilöfen nur zerbrochene Kacheln fand. Hinter halb abgerissener Tapete verbarg sich in Zimmern der ersten Etage gut erhalten eine originale Wandmalerei aus der Zeit, als das Bürgertum oftmals gar keine Tapete verwendete.
Jede Etage war in zwei große Fünf-Raum-Wohnungen unterteilt, in die zweiflügelige, etwa 3,90 Meter hohe Wohnungstüren führten. Namensschilder wiesen auf die letzten Mieter hin. Zwei dieser originalen Türen öffnen heute das Galeriezimmer im Erdgeschoss.
Das erfahrene Düsseldorfer Architekturbüro Schmitz-Lenders übernahm im Oktober 1990 den Generalauftrag für den Um- und Ausbau des Wohnhauses als Pilotprojekt in Leipzig. Nach einer monatelangen Bearbeitungsphase wurde im Juni 1991 die Baugenehmigung erteilt. Kooperativ reagierte das Amt für Denkmalpflege. Verzögerungen brachte die Einigung mit dem Brandschutzamt wegen der Eichenholztreppe, die durch eine Betontreppe ersetzt werden musste. Die Auswahl der Rohbaufirma gestaltete sich schwierig. Nur wenige Baufirmen mit Erfahrung in der Altbausanierung waren auf dem Markt. Vieles befand sich erst in der Entwicklung. Die ausgewählte Rohbaufirma meldete während der Sanierung Konkurs an. Heizungsfirmen schossen wie Pilze aus dem Boden. Kalkulationen bei Heizungs- und Sanitärangeboten brachten Unterschiede von 100 Prozent. Die Entscheidung für eine Heizungsfirma aus den alten Bundesländern war zwar die kostengünstigste Variante, doch nach der Hoteleröffnung stellte sich heraus, dass die Reklamationen durch den langen Anfahrtsweg (600 Kilometer) nur schleppend bearbeitet wurden.
Nach dem Aufsetzen des neuen Dachstuhls feierte ich als stolze Bauherrin mit allen beteiligten Bauleuten am 22. November 1991 das Richtfest des zukünftigen Hotels Adagio bei Sonnenschein und Frostgraden.
Der notwendige Lift für das Drei-Sterne-Hotel wurde zentral mitten in das Haus gebaut, für unsere Gäste einerseits eine bequeme Lösung. Doch Einschränkungen in der funktionalen Nutzung der Restauranträume waren die Folge. Mit Hilfe von Freunden erbrachten wir Eigenleistungen, die später mit rund 200 000 DM bewertet wurden. Während der Bauzeit ergab sich eine Baukostensteigerung um fast 100 Prozent. Die ersten Kalkulationen hatten wir mit DDR-Löhnen berechnet, die über die Monate des Umbaus sprunghaft anstiegen. Der enorme Bauboom führte zu einem rasanten Anstieg der Baukosten.
Für den gesamten Um- und Ausbau sowie den nachträglichen Einbau des Gewölbe-Restaurants in den Kellerräumen wurde eine Investitionssumme in Höhe von 3,5 Millionen DM benötigt. Als Investitionszuschuss für Existenzgründungen unterstützte das Regierungspräsidium Leipzig mit einer Summe in Höhe von 590 000 DM mein Projekt. Das Amt für Denkmalpflege bedachte die gründliche Sanierung denkmalgeschützter Fassaden und das Foyer mit einem Zuschuss in Höhe von 195 000 DM. Die zuletzt gestellten Baurechnungen wurden durch den von Eröffnung an erfolgreichen Geschäftsbetrieb aus dem Gewinn finanziert.
Das bereits in der Bauphase geplante Hotelvordach wurde wiederholt vom Amt für Denkmalpflege, dem Tiefbau- und Stadtplanungsamt abgelehnt. Erst der Vorschlag von Niels Gormsen, Stadtplanungsdezernent a. D., führte zu einer für alle Seiten akzeptablen Lösung. Zur Freude unserer Gäste wurde im Februar 1999 die Baugenehmigung erteilt. Bereits vier Wochen später schmückte ein dunkelgrüner Baldachin den Hoteleingang. Am 31. März 1999 feierten wir mit Leipzigern und unseren Geschäftspartnern das erste Vordachfest Leipzigs – nach sieben Jahren Kampf!
Das kleine Stadthotel mitten im Wohngebiet Seeburgviertel ist nicht mehr zu übersehen. Das ursprünglich als Hotel garni eröffnete Haus hat sich gewandelt. Gewölbe-Restaurant, Galerie-Salon und das Gartenlokal »Unter'm Walnussbaum« laden Hotelgäste und Leipziger zu leichten und gesunden Speisen ein. Der engagierte Küchenchef Roland Kretzer aus dem Badischen kocht »Variationen in Ess-Dur«. Seit Januar 1999 ist das Hotel Adagio Mitglied in der größten deutschen Hotelkooperation privater Hoteliers Deutschlands. Als Geheimtipp für Individualisten und Künstler ist es nicht nur durch die gute Küche bekannt.

1999, nachdem auch der Baldachin den Eingang beschützt. Architekten: Schmitz-Lenders

Klaus Eberhard: Galerie Hotel Leipziger Hof »Hier schlafen Sie mit einem Original!«

Im Sommer 1990 besuchte ich zum ersten Mal Leipzig und sah am Neustädter Markt das schöne Eckhaus Hedwigstraße 3, ein typisches Gründerzeithaus, erbaut 1886. Im Erdgeschoss waren zwei Läden untergebracht, darüber 20 Wohnungen, von denen nur noch sechs rechtmäßig bewohnt waren, hinzu kamen einige »Schwarzbewohner«. Die meisten Wohnungen, besonders in den oberen Stockwerken waren »verworfen«. Diesen Ausdruck für baurechtlich gesperrte Wohnungen hörte ich zum ersten Mal, in seiner Bildlichkeit leuchtete er mir jedoch sofort ein.

Das Gebäude Hedwigstraße 3/Ecke Ludwigstraße; Zustand 1990

Äußerlich sah das Haus grau in grau aus, wie auch die umliegenden anderen war es arg heruntergekommen. Die noch weitgehend erhaltenen zahlreichen Stuckelemente – über 50 verschiedene Formen finden sich an der Fassade – und der architektonisch imposante Baukörper als solcher verliehen dem Gebäude einen morbiden Charme, der mich faszinierte. Neben der rationalen wirtschaftlichen Überlegung spielte beim Kauf auch gefühlsmäßig der Wunsch mit, diesem lieblos heruntergekommenen Haus wieder seine ursprüngliche Schönheit zurückzugeben – ein Beweggrund, den ich auch von anderen Bauherren gelegentlich hörte.

Der Kauf des Hauses war problemlos. Es gehörte einem älteren Ehepaar in der Nähe von München (der Vater hatte es in den Dreißigerjahren als Rentehaus erworben). Die Verkäufer waren noch im Grundbuch eingetragen. Das Haus wurde noch bis 1988 von der privaten Hausverwaltung Unger verwaltet, danach von der GWL (Gebäudewirtschaft Leipzig). Gelegentlich hatten die Eigentümer Kosten für die Instandhaltung bezahlt; die Höhe der Hypothekenschulden blieb dadurch stets niedriger als der Einheitswert. Dies war wichtig, da im anderen Falle das Haus wegen überhöhter Schulden enteignet worden wäre. Die Mieteinnahmen wurden natürlich nicht in den Westen überwiesen, sondern – dies war eine der legalen Möglichkeiten – zur Pflege des elterlichen Grabes in Leipzig verwendet, wofür sie gerade ausreichten.

Im September 1990 schlossen wir in München den Kaufvertrag ab. Der Leipziger Makler reiste mit seiner Frau im Trabi zum Kaufvertrag nach München und erhielt die vereinbarte, verhältnismäßig hohe Provision von fünf Prozent vom Kaufpreis, wie es in den ersten Jahren nach der Wende üblich war. Seine Geschäfte gingen gut. Bei meinem nächsten Besuch bei ihm einige Monate später deutete er mit Stolz auf seinen neuen Mercedes 500 vor dem Büro.

Ich stellte den Antrag auf Baugenehmigung für den Umbau in das »Galerie Hotel Leipziger Hof« und bemühte mich gleichzeitig über einen Investitionsvorrangbescheid um den Kauf des angrenzenden Gebäudes Hedwigstraße 1.

Von nun an verbrachte ich den Großteil meiner Zeit in Leipzig im Neuen Rathaus. Ich genoss es, »Paternoster« zu fahren, ansonsten irrte ich häufig bei der Suche nach Ämtern durch die Gänge. Es gab Ende 1990 kaum Hinweisschilder im Neuen Rathaus, zudem waren die Türen meist nicht beschildert: Man musste sich »durchfragen«. Wohltuend über allem lag aber die Gewissheit, dass alle Ämter, die man für eine Baugenehmigung brauchte – bis auf den Denkmalschutz –, irgendwo in diesem Gebäude waren.

Bei einem meiner Irrgänge – entnervt und hilflos auf der Suche nach dem Bauordnungsamt, das nicht mehr dort ist, wo es noch vor wenigen Tagen war – klopfte ich schließlich an eine beliebige Türe, auch diese ohne Namensschild, hörte ein freundliches »Herein« und traf auf Ludwig Schön, den Amtsleiter des Hochbauamtes (was ich natürlich nicht wusste). Herr Schön führte mich persönlich zum Amt meiner Wünsche. Wir kamen ins Gespräch über die Musik in Leipzig und tauschten unsere Meinungen über die letzten Konzerte des Gewandhausorchesters und des Radio-Symphonieorchesters aus. Ich glaube, es waren solche zufälligen, unspektakulären Begegnungen, die mir am Anfang Leipzig näher gebracht und mir liebenswert gemacht haben. Auch heute noch diskutieren Ludwig Schön und ich gerne über musikalischen Ereignisse in dieser Stadt, und meist ist er – wie schon bei unserem ersten Gespräch – der Meinung, die Radio-Symphoniker spielten ein wenig exakter und präziser als die Gewandhausmusiker.

Galerie Hotel Leipziger Hof: 1998.

Die Jahre 1990 und 1991 sind in meiner Erinnerung besonders durch eine wohltuende, unkonventionelle Hilfsbereitschaft und das »etwas bewegen Wollen« der Leipziger geprägt, überall in der Stadt und auch auf den Ämtern.

Ein Beispiel: Für eine zügige Durchführung des Umbaus – neue Hotels wurden dringend und schnellstens benötigt – brauchten wir die alten Eingabepläne von 1886. Herr Bach vom Bauordnungsamt machte sich sofort auf die Suche und fand sie schließlich. Nachts um 22 Uhr rief er mich in München an. Mit dem einzigen Faxgerät im Neuen Rathaus schickte er dann mitten in der Nacht Kopien der Pläne, vorher war er nicht »durchgekommen«. Die »Auslandsvorwahl« 0037 war damals tagsüber hoffnungslos überlastet. Ich selber hatte übrigens mein Faxgerät beim Verschicken auf 3.17 Uhr eingestellt.

Wie bei jedem Baugesuch – im Westen wie im Osten – gab es jedoch auch Ärger. So machte das Bauordnungsamt zunächst zur Auflage, das schöne alte Treppenhaus aus Holz abzureißen und forderte den Einbau von Betontreppen für den Hotelbetrieb. Mit Hilfe des Amtes für Denkmalpflege der Stadt und durch den persönlichen Einsatz von Denkmalpfleger Jens Müller wurde schließlich eine Lösung gefunden. Bauordnungsamtsleiter Schirmer sprach ein Machtwort: Das Treppenhaus blieb (und wird bis heute in seiner Schönheit von den Gästen bewundert).

Nach dem Kauf des Hauses versuchte ich, mit den Mietern Kontakt aufzunehmen. Die GWL (heute LWB) übergab mir nach vielen vergeblichen Bemühungen schließlich eine Liste der rechtmäßig im Hause wohnenden Mieter nebst Mietverträgen. Einige wohnten schon seit vielen Jahren hier, und kannten sich natürlich untereinander. Aber es gab auch unbekannte Bewohner: die Eingangstüre war nicht verschließbar, und so zog das Haus »Schwarzmieter« an. Diese wohnten auch in den verworfenen Wohnungen – wohl in Unkenntnis über die Baufälligkeit oder diese ignorierend.

Mit einem Aushang im Treppenhaus bat ich alle Bewohner, sich zu melden (auf Klopfen – die Klingel funktionierte ohnehin nicht – wurde meist nicht geöffnet). Niemandem geschehe etwas, versicherte ich, aber der Ordnung halber müsse ich wissen, wer im Hause wohne. Soweit ich mich erinnere, haben sich damals alle gemeldet. Die meisten von ihnen waren Studenten, nette junge Leute. Wir einigten uns, dass sie bis zur Sanierung weiterhin kostenlos (einschließlich der Nebenkosten) wohnen bleiben durften. Ein junges Medizinerpärchen lernte gerade fürs Staatsexamen; sie blieben noch fast ein Jahr im Haus, machten ein glänzendes Examen. Ich bemühte mich um eine Anstellung für beide in einem westdeutschen Krankenhaus, beide bekamen jedoch ein Angebot der Charité und gingen nach Berlin.

Die Besprechungen über die Baugenehmigung zogen sich hin. Der Erwerb des Nachbargrundstücks wurde für den Umbau in ein Hotel bald zwingend erforderlich, zum einen wegen der auszuweisenden Stellplätze, zum anderen wegen zusätzlicher Fluchtwege bei Brandgefahr. Ende 1991 begannen endlich die Bauarbeiten.

Die Gewerke wurden einzeln vergeben. Die Firmengeschichte einiger damals von uns beauftragter Handwerker ist für sich selbst ein Stück Zeitgeschichte; häufig führte der Weg von einem glänzend geglückten Start mit viel anfänglicher Euphorie in den folgenden Jahren bei nachlassender Bautätigkeit in den Konkurs.

Wie man sich denken kann, gab es während der Umbauzeit immer wieder Überraschungen. Eine der angenehmen war der Fund eines Ölbildes im Dachgeschoss. Auf massivem Holz gemalt, ca. 1 x 1 Meter groß und millimeterdick mit einer Schmutzschicht bedeckt, legten die Bauarbeiter es nichts ahnend auf einen Durchbruch und standen darauf, zum Glück auf der Rückseite. Auch nach sorgfältiger Reinigung war keine Spur des Autors zu finden, keine Signatur, keinerlei Beschriftung auf der Rückseite des Bildes. Kurios erschien uns der Fund eines Bildes ausgerechnet in diesem Gebäude, das schon bald eine Kunstsammlung von über 200 Arbeiten aus und über Leipzig und eine eigene Kunstgalerie beherbergen sollte. Wir nahmen es als gutes Omen. Von wem aber war das Bild? Keiner der befragten Leipziger Kunsthistoriker oder Künstler, denen ich das Bild zeigte, konnte den Maler nennen. Wir setzten einen Preis von 1 000 DM für die Identifizierung aus. Die »Leipziger Volkszeitung« zeigte das Bild und berichtete unter der Überschrift »Meisterleistung eines Unbekannten oder Beutekunst aus Russland?« Endlich hatte auch Leipzig sein großes Kunsträtsel. Der Leipziger Bildhauer Berndt Otto Steffen benannte schließlich Frank Schletter, einen ehemaligen Schüler der Hochschule für Grafik und Buchkunst, als Künstler. Schletter lebte in den Achtzigerjahren für einige Monate in der Hedwigstraße und vergaß beim Auszug, das Bild mitzunehmen; er signierte es nicht, da es noch nicht ganz fertig war. Heute hängt es in unserer Sammlung, und sogar Wolf von Lojewski zeigte es in seinem Bericht über unser Haus und über unsere Sammlung im ZDF »Heute Journal«.

Am 2. Dezember 1992 eröffnete das GALERIE HOTEL LEIPZIGER HOF *mit zunächst 44 Zimmern, 1994 erfolgte die Erweiterung auf den heutigen Stand mit 69 Zimmern, zwei Juniorsuiten und vier Apartments. Die Kunstgalerie weihten wir 1995 mit einer Tübke-Ausstellung ein, schließlich kamen 1996 im Innenhof der Tagungsbereich und der Biergarten hinzu.*

Mit Dankbarkeit und mit ein wenig Stolz können wir uns immer wieder über eine breite Anerkennung unseres Hauses und seiner Kunstsammlung in der Öffentlichkeit freuen – im Fernsehen (ARD, ZDF), im Rundfunk und in der gedruckten Presse (»... fast ein Museum als Hotel, nur komfortabler«, schrieb Herbert Riehl-Heyse in der »Süddeutschen Zeitung«). Wir hoffen, auch in Zukunft mit Glück, mit Anstrengung und mit Ausdauer unser Konzept, ein Hotel zum lebendigen Kunsterlebnis zu machen, erfolgreich fortzusetzen – in wirtschaftlich schwieriger Zeit für Leipzig und seine Hotellerie.

Die neue Leipziger Kneipenszene

Auch bei der Gastronomie hat sich seit 1990 vieles verändert, bewirkt durch die Auflösung von HO und Konsum, wo die meisten gastronomischen Betriebe organisiert waren. Dieser Wandel vollzog sich langsam, als ein Lokal nach dem anderen schloss, während gleichzeitig neue öffneten. Manchmal blieb das Lokal erhalten, nur der Inhaber oder Pächter wechselte, meistens waren es aber völlige Veränderungen.

Von den Gaststätten aus der DDR-Zeit sind in der Innenstadt nicht viele geblieben, darunter die Traditionslokale »Auerbachs Keller«, »Ratskeller« und »Zills Tunnel« sowie »Varadero« im Barfußgässchen und das Café »Concerto« am Thomaskirchhof. Dazu gehört auch die Eisbar »Pinguin« (deren Leuchtreklame als typisches Beispiel aus den Fünfzigerjahren sogar unter Denkmalschutz gestellt wurde!), der großartige Studentenkeller »Moritzbastei« und der »Coffebaum«, der aber mehrere Jahre geschlossen war, als das historische Gebäude sehr gründlich saniert wurde (weshalb viele Touristen mit dem »Baedecker« in der Hand vor Baugerüsten und Planen standen, wenn sie dieses wichtige Baudenkmal fotografieren wollten). Er wurde erst 1997 wieder eröffnet und enthält im Eingangsbereich Erinnerungen an Robert Schumanns Davidsbündler, in den Obergeschossen (wo früher ein Künstlerclub und die Stasi ihren Sitz hatten) nun ein Kaffeemuseum. Ähnlich gings mit dem »Teehaus« an der Thomaskirche: Es blieb zuerst erhalten, bekam einen neuen Besitzer, der es nur etwas sanieren wollte, dann brannte es aus und war deshalb von 1994 bis 1998 geschlossen (siehe S. 110). Der »Paulaner« ist zwar immer noch an gleicher Stelle, aber die Gaststätte hat sich mit dem sanierten Gebäude völlig verändert (siehe S. 62/63), ebenso der »Thüringer Hof«, der zwar die Tradition fortsetzt, aber in einem total neu gebauten Haus (siehe S. 68). Im Burgkeller bedient heute »Mövenpick« die Gäste – übrigens eins der ersten Lokale mit einer völlig neuen (schweizerischen) Konzeption. Das »Ringcafé« in der Rossplatzbebauung ist dagegen noch immer geschlossen, weil man keinen Pächter findet.

Thomaskirchhof mit »Bachstüb'l« während eines Konzertes am Bachdenkmal

Einige Gaststätten sind ganz verschwunden: Wer erinnert sich noch an das große Restaurant »Kiew« im Messehaus am Markt oder an das »Erdener Treppchen« oder an das alte Café »Corso«, das in den letzten Jahren mehrfach den Standort wechselte, oder die »Kümmelapotheke«, die ihren Ursprung in Eutritzsch hatte, dann in der Grimmaischen Straße im Hansahaus lag, bis sie nun in der Mädlerpassage gelandet ist?

Die Goseschenke »Ohne Bedenken« in der Menckestraße war 1990 ein Geheimtipp für die Wessis, die nun in großer Zahl nach Leipzig kamen, ebenso wie »Schorsch'l«, »Goldene Krone« und »Forsthaus Raschwitz« im Süden. »Schorsch'l« ist ganz verschwunden, »Forsthaus Raschwitz« war jahrelang geschlossen und völlig heruntergekommen, erstrahlt aber seit 1998 in neuem Glanz, die »Goldene Krone« hat die Zeiten überstanden, ist 1999 aber ausgebrannt. Nur die Goseschenke hat ihren besonderen Stil beibehalten. Ganz neue Szenen haben sich entwickelt wie an der Karl-Liebknecht-Straße mit »Killy Willy«, »Maître«, der »naTo« (im Haus der Nationalen Front), der Kulturfabrik Werk II und neuerdings mit der »Südbrause« im ehemaligen Volksbad am Connewitzer Kreuz, um nur einige zu nennen.

In der City ist eine ganz neue Kneipenmeile entstanden, die sich von der Burgstraße über den Thomaskirchhof zur Klostergasse und über das Barfußgässchen bis zur Großen Fleischergasse zieht, genannt »Drallewatsch«. Der Schwerpunkt liegt im Plätzchen um den Lipsia-Brunnen an der Kreuzung Barfußgässchen/Fleischergasse. Allein um diesen Platz findet man an die zehn Lokale, von denen nur »Coffebaum«, »Varadero« und »Zills Tunnel« schon 1990 existierten. Insgesamt kann man über 30 Lokale sehr unterschiedlicher Art, Ausstattung und Preislage besuchen.
Begonnen hat diese interessante Entwicklung 1994, als die frühere Buch- und Kunsthandlung »Wort und Werk«, Markt 9, aus- und die Szenekneipe »Spizz« einzog. Von da an machte im Barfußgässchen eine Kneipe nach der anderen auf. An Sommerabenden kommt man durch diese früher ruhige Gasse kaum durch vor lauter Tischen, Stühlen, Schirmen und fröhlichen Menschen, die sich drängen.

Linke Seite:
Die »Südbrause« – ehemaliges öffentliches Wannen- und Brausebad am Connewitzer Kreuz, erbaut um 1910, seit langer Zeit außer Betrieb, zuletzt genutzt als Kasse der LVB, seit 1990 ohne Funktion.
Links: Zustand 1993.
Rechts: Nach dem Ausbau zum Café 1998.
Bauherr: Dr. Wolfgang Kaiser

Rechte Seite:
Barfußgässchen 1999; am linken Bildrand »Bartels Hof« und die »Zigarre«, im Hintergrund »Zills Tunnel«

Und jenseits des Ringes, gegenüber der Thomaskirche, setzt sich in der Gottschedstraße die Kneipenmeile fort, mit nochmals über zehn Lokalen, wo früher keine Gastronomie zu finden war. Hier ist man noch mehr auf studentisches Publikum eingestellt – im »Clichy«, im »Letterman«, im »Café Kuf« und in der »Luise«. Wer hätte 1990 gedacht, dass man in Leipzig mal wieder an der Pleiße Kaffee trinken könnte, wie jetzt auf der Terrasse von »Café Paul«? Es befindet sich in der Otto-Schill-Straße 1 (siehe S. 148).

1998: Die Pleiße zwischen Otto-Schill- und Rudolphstraße ist noch verdohlt.

Pleiße, Weiße Elster und Karl-Heine-Kanal

Ja, die Pleiße ist wieder am Licht! Zwar vorerst nur 700 Meter, aber zwischen Rudolph- und Gottschedstraße ist mit der Pleiße und ihren Stegen ein völlig neues Milieu entstanden. Zu verdanken ist das jenen Leuten aus der Umweltbewegung, die schon 1988 für eine saubere Pleiße marschierten, und einigen Künstlern und Architekten, die im städtebaulichen Wettbewerb von 1988 gewagt haben, die Pleiße als offenes Gewässer darzustellen. Man kann aber wohl davon ausgehen, dass ohne die politische Wende daraus nichts geworden wäre! So aber ergriffen jene Architekten und Künstler schon 1990 die Chance und markierten den Verlauf der verdohlten Pleiße mit blauen Fähnchen und lustigen Figuren, veranstalteten einen Workshop in der Hochschule für Grafik und Buchkunst und gewannen dadurch so viel Beachtung in der Öffentlichkeit, in der Stadtverwaltung und im Stadtparlament, das schon 1992 ein Grundsatzbeschluss über die Freilegung des Pleißemühlgrabens gefasst wurde. Ihm folgte 1996 der Baubeschluss für die ersten Abschnitte. Und Ende 1999 waren fast 700 Meter freigelegt –

»Pleiße ans Licht« (1990)

1999: Die Gäste vom »Café Paul« freuen sich über die geöffnete Pleiße.

die Stadt hat ihre Pleiße wieder! Bleibt zu hoffen, dass sich die Finanzierung auch der nächsten Abschnitte bald bewerkstelligen lässt!
Auch Karl-Heine-Kanal und Weiße Elster haben in diesen Jahren eine Aufwertung erfahren, an die 1990 wohl kaum jemand zu denken gewagt hat. Der Karl-Heine-Kanal, 1990 eine Kloake voller Abwässer und Abfälle, wurde von 1991 bis 1997 völlig umgestaltet, gereinigt und mit einem Radweg versehen, der nicht nur von den Plagwitzern gern benutzt wird. Die dort investierten 18 Millionen Mark (vom Bund zu 80 Prozent gefördert) sind gut angelegt. Sie waren der erste Schritt zu einer Umstrukturierung und Aufwertung von Plagwitz, dem früher ungeliebten und vernachlässigten Stadtteil. (Über Plagwitz und seine Wandlung wird in einer Veröffentlichung der Stadtverwaltung ausführlich berichtet.)

Karl-Heine-Kanal mit Weißenfelser Brücke, Zustand 1988: Hier endete damals der Fußweg.

1998: Der Kanal ist saniert, das Wasser sauber, die Philippuskirche saniert (siehe S. 141).

Der Fuß- und Radweg ist neu angelegt und führt nun wieder durch die Weißenfelser Brücke. Die Begrünung muss noch wachsen.

Auch die Weiße Elster wurde in den letzten Jahren zu einem beliebten Ausflugsziel, seitdem die Firma Herold ihren Bootsverleih an der Oeserstraße wieder eröffnet hat. Inzwischen gibt es auch schon drei Gaststätten, die sich zur Elster öffnen – und bei »da Vito«, dem Italiener, kann man sogar echte venezianische Gondeln mieten!

Nonnenstraße 5, ehemalige Hemdenfabrik Mey & Edlich; Architekt: Otto Steib. Blick von der Wasserseite.
Oben: Zustand 1994.
Unten: Nach teilweisem Abbruch der Fabrikhallen, Umbau des Klinkerhochbaus zum Verwaltungsgebäude sowie Neubau von Wohnungen; Bauherren: W. Exner und G. Nörr; Architekten: Fröbel und Lampert, Mindelheim.
Im Bauteil am Wasser lädt das Restaurant »Weiße Elster« seine Gäste zum Verweilen auf der Terrasse ein.

Die »Persildame« an einer Giebelwand in der Zschocherschen Straße in Plagwitz hat die DDR überstanden und wurde 1992 im Auftrag der Firma Henkel restauriert. Beim genauen Hinsehen erkennt man, dass die heutige Darstellung nicht genau mit dem ursprünglichen Werbebild übereinstimmt, ja, dass die Reklameschrift sogar in drei verschiedenen Fassungen vorkommt: zwei vor und eine nach der Restaurierung!

Öffentliche Bauten

Bisher war nur die Rede von Gebäuden, die von privaten Bauherren instand gesetzt oder neu gebaut wurden. Dabei gibt es auch eine große Zahl öffentlicher Gebäude, die 1990 genau so schwarz und schadhaft waren wie die privaten und die nun zum größten Teil ebenfalls renoviert, repariert und saniert worden sind. Man kann sie gar nicht alle aufzählen, deshalb nur einige Beispiele:

Das Neue Rathaus hat wieder ein dichtes Dach, die Fassade ist wieder hell, die Fenster sind dicht und sogar die verschiedenen Erker und Türmchen sitzen wieder an ihrem Platz. Allerdings ging das alles über viele Jahre, und noch immer ist nicht alles fertig (siehe S. 70/71). Als Beispiele für die Bezirksrathäuser seien die Rathäuser in Leutzsch und Wahren erwähnt, die teilweise baufällig waren und nun wieder in alter Schönheit glänzen.

Die Universitätsbibliothek ist fast wieder komplett: die Gebäudeecke Beethovenstraße/ Wilhelm-Seyfferth-Straße, die durch Bomben zerstört wurde und aus deren Ruine 1990 noch Bäume wuchsen, ist in der ursprünglichen äußeren

Universitätsbibliothek in der Beethovenstraße, erbaut 1888 bis 1891; Architekt: Arwed Rossbach. 1988: Der Ostflügel ist noch immer im kriegszerstörten Zustand.

Wiederaufbau von Ostflügel und Treppenhalle 1994 bis 1998. Bauherr: Freistaat Sachsen, Staatshochbauamt Leipzig II. Architekten: HJW (Herwig, Jaemisch, Wittig + Partner, Hannover/Leipzig)

Form wieder aufgebaut worden, im Inneren aber ganz modern.
Fast alle anderen Universitätsgebäude hatten ebenfalls dringend eine Erneuerung oder Ergänzung nötig. Hier kann nicht beschrieben werden, was da in den vergangenen zehn Jahren alles schon gemacht wurde und noch im Bau ist.
Bisher wurde vom Freistaat Sachsen über eine Milliarde Mark in den Hochschulbau in Leipzig investiert, es bleibt aber noch immer viel zu tun! Das gilt auch für die anderen Hochschulen in Leipzig wie HGB, HTWK, Musikhochschule, wo zurzeit der im Krieg zerstörte Konzertsaal wieder aufgebaut wird.

Links: Die zentrale Treppenhalle 1988 – eine Freitreppe im Park?

Rechts: 1999 ist die Treppenhalle wieder aufgebaut und im alten Stil rekonstruiert.

Die meisten städtischen Altbau-Schulen, die sich fast alle in miserablem Zustand befanden (wer erinnert sich noch an die meist übel riechenden Toiletten?), wurden inzwischen saniert und den heutigen Anforderungen angepasst. Als Beispiel sei die »Turmschule« in Gohlis (Friedrich-Schiller-Gymnasium) genannt, wo der namengebende Turm nun seinen Helm wieder hat.

Schließlich seien in Gohlis das Schlösschen und das Schillerhäuschen genannt, die beide zu DDR-Zeiten zwar relativ gut aussahen, in ihrem inneren Bauzustand aber so schlecht waren, dass beide in den letzten Jahren zeitweilig geschlossen und grundlegend saniert werden mussten: Der Tur m des Schlösschens musste abgenommen werden, weil zu befürchten stand, dass er herunterbricht. Im Schillerhaus war plötzlich ein Stützbalken gebrochen. Nun sind beide schöner denn je, was vor allem auf das Schlösschen zutrifft, dessen Untergeschoss mit den beiden Arkaden ausgebaut wurde und nun ein beliebtes Café enthält, das sich zum neu angelegten Garten öffnet.

Friedrich-Schiller-Gymnasium (»Turmschule«), Elsbethstraße. Zustand 1988

1991, wieder mit Helm. Bauherr: Stadt Leipzig, Ausführung durch das Hochbauamt

Auch die meisten Kirchen befanden sich 1990 in schlechtem Zustand. Mittlerweile sind sie zumindest im Inneren denkmalgerecht restauriert – nicht nur die beiden Hauptkirchen St. Nikolai und St. Thomas, sondern auch einige kleinere Kirchen wie das Kirchlein Schönau in Grünau. Aber auch bei den Kirchen ist noch viel zu tun.

Philippuskirche, Plagwitz, erbaut 1910; Zustand des Turmes um 1990

Nach der Sanierung 1998

Mendelssohn-Haus: Das Gebäude ist eigentlich ein Doppelhaus, denn Nr. 12 ist mit dem Eckbau Nr. 14 durch eine einheitliche schlichte Fassade zu einem großzügig wirkenden Baublock verbunden. Es wurde 1844/45 auf dem Gelände von Reimers Garten – dem früheren Großbosischen Garten – nach dem Entwurf von Maurermeister Heinrich Walther errichtet. Felix Mendelssohn Bartholdy (1809-1847) bewohnte mit seiner Frau Cécilie und den Kindern von 1845 bis zu seinem Tode die Wohnung in der ersten Etage.

In der DDR-Zeit waren ein Fotolabor und eine Autoglaswerkstatt darin untergebracht, in den oberen Geschossen befanden sich Wohnungen. Wegen unterlassener Bauunterhaltung verfiel das Haus zunehmend. Gewandhauskapellmeister Kurt Masur bemühte sich schon in den Achtzigerjahren um eine Instandsetzung. Aber erst nach der Wende konnte es von der von Masur gegründeten Internationalen Mendelssohn-Stiftung e.V. erworben und in den Jahren 1994 bis 1998 saniert und denkmalgerecht instand gesetzt werden. Dabei wurde im Obergeschoss die Wohnung so weit wie möglich in den Zustand zu Zeiten Mendelssohns versetzt. Als Sitz der Stiftung werden dort heute Konzerte und Lesungen veranstaltet. Die Baukosten von 8,5 Millionen DM wurden etwa zur Hälfte durch Spenden aufgebracht, die die Stiftung vor allem in Japan gesammelt hat.

Mendelssohn-Haus, Goldschmidtstraße, erbaut 1830; Zustand 1995: Das Dach wurde bereits neu gedeckt, das Dachgesims erneuert.

Zustand 1997, nach weitgehendem Abschluss der Fassadenrenovierung: Die Fenster wurden geöffnet und haben wieder ihre sparsam dekorierten Umrandungen.

Linckes Gartenhaus, Seeburgstraße 45, ist letztes Zeugnis der einst vor der Stadtmauer gelegenen Bürgergärten. Im Jahr 1757 wurde es nach einem Entwurf des Maurermeisters Johann Gottfried Doring für den Apotheker Johann Heinrich Lincke errichtet. Im Erdgeschoss befand sich ursprünglich eine Orangerie, im Obergeschoss ein Kabinett. Die Linckesche Naturaliensammlung ist heute in Waldenburg. Nach jahrzehntelangem Verfall und Teilabbruch drohte der Verlust des einzigartigen Denkmals. Ende der Achtzigerjahre bemühte sich eine Bürgerinitiative um Jürgen Hart um die Rettung. Nach Erwerb durch die Stadt Leipzig begannen ab 1992 umfangreiche Restaurierungsarbeiten.

Bauphase 1997

Zustand 1992

Der sanierte Zustand 1999

Villa Credner, Karl-Tauchnitz-Str. 11, erbaut 1892 bis 1894 nach Plänen von Weichard + Eelbo; Zustand 1988, damals Nutzung als Ambulanz des Instituts für klinische Immunologie der Universität

Gründliche Instandsetzung und Umbau zur Galerie für Zeitgenössische Kunst; Architekt: Peter Kulka, Köln/Dresden; Bauzeit: 1995 bis 1997

Leider befinden sich noch manche öffentlichen Bauten in sanierungsbedürftigem Zustand, wie z.B. das Grassimuseum: Dieser Gebäudekomplex, der drei Museen enthält, müsste schon seit langem dringend saniert werden. Dafür gibt es auch Pläne und Konzepte. Bisher fehlte aber die Finanzierung, was deshalb schwierig ist, weil sich die Museen in verschiedener Hand befinden: Das Völkerkundemuseum gehört dem Freistaat, das Musikinstrumentenmuseum der Universität, das Museum für Kunsthandwerk der Stadt. Die drei haben sich endlich über die Kostenverteilung geeinigt, was darauf hoffen lässt, dass die Arbeiten bald beginnen.

Hoffnung gibt es auch für das Völkerschlachtdenkmal, das zwar gewaltig und unerschütterlich aussieht, aber auch baldigst instand gesetzt werden muss, damit es nicht verfällt. Ein aktiver Förderverein nimmt sich nun seiner an.

In diesem Haus wohnte von 1789 bis 1829 Goethes Jugendfreundin Friederike Oeser.

Das Geyserhaus in der Gräfestraße, Eutritzsch. Zustand 1989

Heute Kultur- und Jugendtreff für Eutritzsch; Bauherr: Johann Priewe; Architekt: Jörg Nowitzki

Kasernen ohne Militär

1990 war Leipzig eine Garnisonsstadt mit sieben Kasernen, von denen die ältesten aus der Kaiserzeit stammen und einige unter Hitler gebaut wurden. Vier Kasernen wurden von der Sowjetarmee genutzt, drei gehörten der Nationalen Volksarmee der DDR und eine der Bereitschaftspolizei. Inzwischen hat die NVA der Bundeswehr Platz gemacht, und die russischen Soldaten sind mit Sack und Pack und allem Kriegsgerät abgezogen – eine Veränderung, die man nicht bedeutend genug einschätzen kann!

Den größten Wandel hat wohl die frühere Georg-Schumann-Kaserne durchgemacht: Sie ist heute Sitz der Landesversicherungsanstalt (LVA), für die das sehr lange Kasernengebäude umgebaut und modernisiert wurde. Außerdem wurden für das Arbeitsamt und das Berufsförderungswerk großzügige Neubauten auf dem weitläufigen Gelände errichtet, nachdem Kasernengebäude geschleift worden waren, um Baufreiheit zu schaffen.

Die ehemals russische Kaserne Schönau in Grünau lag Jahre brach, bevor sie nun zu einem neuen Wohnviertel umgestaltet wird, meistens mit Neubauten, darunter vielen Einfamilienhäusern. Aber einige frühere Kasernenbauten sollen erhalten und umgenutzt werden.

Für die Kasernen Heiterblick und Windscheidstraße, die ebenfalls von der Sowjetarmee belegt waren, gibt es noch keine neuen Nutzungskonzepte. Inzwischen werden die Wohnhäuser vorübergehend von Umsiedlern und Asylbewerbern bewohnt.

Ehemalige Georg-Schumann-Kaserne (ursprünglich König-Georg-Kaserne, genannt »106er-Kaserne«, erbaut um 1910) der Nationalen Volksarmee. Seit 1994 Sitz der Landesversicherungsanstalt Sachsen (LVA). Umbau 1991 bis 1997; Architekt: Gerber und Partner, Dortmund / Suess + Becher. Mit 368 Meter das längste Kasernengebäude Europas

Wohin mit den vielen Autos? Parkhäuser, Tiefgaragen, Tankstellen

Mit dem rapide zunehmenden Autoverkehr wuchs auch der Bedarf an Parkplätzen, für die es in der Innenstadt keinen Raum mehr gab, wollte man nicht auch den Markt, den Sachsenplatz und den südlichen Augustusplatz voller Autos stellen. Denn 1990 gab es keine Tiefgaragen oder Parkhäuser in Leipzig. Einige Hochgaragen aus den Dreißigerjahren waren Teile von Autowerkstätten und wegen ihrer Ausstattung und Lage nicht als öffentliche Parkhäuser zu verwenden. Als nach Öffnung der Mauer die Lawine der Autos sprunghaft anschwoll und nicht nur die Straßen überschwemmte, sondern auch die verhältnismäßig wenigen Parkplätze, wurde die Konkurrenzfähigkeit der City gegenüber den Einkaufszentren auf der »Grünen Wiese« mit ihren großen Parkplätzen weiter geschwächt. Dabei wollte man die Autos aus der engen Innenstadt eigentlich zugunsten von Fußgängerzonen fernhalten, die »autoarme Innenstadt« war das Ziel, das der Stadtrat im Jahr 1994 beschlossen hat. Parken sollten die Autos in Garagengebäuden am Rand oder außerhalb des Rings. So der Plan – wie ihn aber umsetzen? Vier Probleme waren zu lösen: 1. brauchte man Grundstücke, 2. Bauträger und Betreiber, 3. das nötige Geld, 4. Zeit zur Realisierung.

Da zuerst allenfalls Standorte, aber weder Geld noch Betreiber vorhanden waren, die Zeit aber drängte wegen der zunehmenden Autos und der Konkurrenz von außen, suchte man nach Provisorien, um die Zeit bis zur Realisierung der endgültigen Bauten zu überbrücken. Auch hier hatte man mehrere Standorte im Auge, aber nur der Wilhelm-Leuschner-Platz / Ecke Peterssteinweg stand zur Verfügung. Mit der LVB fand sich auch ein Betreiber. Den Bau konnte man teils unter Verwendung von Stellplatz-Ablösebeträgen finanzieren, die Bauherren bezahlen müssen, die ihrer Verpflichtung nicht nachkommen können, Autostellplätze entsprechend dem Bedarf für ihr Bauvorhaben selbst zu schaffen. Diese Mittel müssen im Wesentlichen für die Schaffung von Parkierungsanlagen verwendet werden.

Otto-Schill-Straße 1
Oben: Rückseite vor der Sanierung 1995. Im Vordergrund das Gebäude der Stadtreinigung.
Unten: 1999: Das Haus ist saniert, das »Café Paul« an der Pleiße geöffnet, ein Parkhaus gebaut. Bauherr: Bilfinger + Berger; Architekt: RKW mit Romy Fuchs, Büro Leipzig

In den Jahren von 1994 bis 1999 sind im Citybereich die Tiefgarage unter dem Augustusplatz (1 250 Plätze), das Parkhaus Otto-Schill-Straße (155 Plätze), die Tiefgarage unter dem Dresdner-Bank-Neubau am Dittrichring (100 öffentliche Plätze), die beiden Parkhäuser am Hauptbahnhof (1 300 Plätze) und die Burgplatzgarage (vorerst 80 Plätze, im Endausbau 400 Plätze) gebaut worden. Damit stehen für die Öffentlichkeit in diesen Parkgaragen insgesamt 3 200 Parkplätze zur Verfügung, weshalb nun an eine Versetzung der provisorischen Parkpalette auf dem Wilhelm-Leuschner-Platz gedacht wird. Parallel zum Bau neuer Parkmöglichkeiten sind in der Innenstadt etwa 1 500 Parkplätze verschwunden, so z. B. auf dem Augustusplatz, auf dem Burgplatz, auf dem Thomas- und auf dem Nikolaikirchhof und auf verschiedenen Baulücken, die inzwischen bebaut wurden, ganz zu schweigen von vielen Parkplätzen, die durch die Ausweitung der Fußgängerzonen entfallen sind – auch das ein Wandel,

Otto-Schill-Straße 1. Links: Bis 1996 ohne Eckturm und noch immer mit einem Notdach, das undicht geworden war, wodurch die darunter liegende Geschossdecke durchgefault war.

1998, nach denkmalgerechter Wiederherstellung von Erkerkuppel und allen Fassadendetails; Bauherr: Sammelstiftung; Generalunternehmer: HOCHTIEF AG

der sich in den vergangenen Jahren fast unmerklich vollzogen hat! Und nebenbei hat sich die Zahl der Tankstellen sichtlich vergrößert. Dort gibt es heute nicht nur Benzin, sondern alles, was ein Singlehaushalt benötigt! Wer erinnert sich noch an die acht oder zehn Minol-Tankstellen, an denen man oft nach Treibstoff anstehen musste?

Über den Wandel, der sich beim Zustand der Straßen vollzogen hat, lässt sich nicht ein so rosiges Bild malen. Denn in manchen Wohngegenden sehen die Straßen manchmal noch schlimm aus mit all den Rissen, Flicken und Schlaglöchern. Immerhin sind die Hauptverkehrsstraßen meist in einem erträglichen Zustand. Hervorragend sind natürlich die neu gebauten Straßen wie die B 2 (Maximilianallee) zur Neuen Messe oder die gerade fertig werdende Osttangente zwischen Brandenburger Brücke und Prager Straße. Sie wird in den nächsten Jahren Anschluss an die B2 erhalten. Damit wird es sicher zur angestrebten Entlastung des City-Ringes kommen.

Ein Wandel lässt sich schon heute bei den FAHRRADWEGEN zeigen: Seit 1990 wurden in Leipzig über 70 Kilometer Radwege und Fahrradstreifen gebaut oder angelegt. Dadurch hat sich das Radwegenetz von ca. 70 Kilometer auf ca. 140 Kilometer gut verdoppelt – ein erheblich verbessertes Angebot an die Radfahrer, die es auch nutzen. Denn der Anteil der Radfahrer an den Verkehrsteilnehmern hat sich in dieser Zeit ebenfalls verdoppelt. Auch die Zahl der Autos hat sich verdoppelt, und zwar gleich in den Jahren von 1990 bis 1994, nämlich von etwa 85 000 auf 208 000 Pkw. Seither ist diese Zahl mit leicht fallender Tendenz ziemlich stabil.

Leider ist es bei der STRASSENBAHN gerade umgekehrt: Hier ist die Zahl der Fahrgäste von etwa 145 Millionen im Jahr 1991 auf etwa 73 Millionen, also die Hälfte, zurückgegangen. Während die Tarife erhöht wurden, hat sich die Qualität im Allgemeinen gesteigert. Die neuen Niederflurwagen sind erheblich leiser und bequemer als die alten Tatra-Wagen. Überall wurden und werden die Gleise erneuert und auf manchen Strecken auf eigene Gleiskörper verlegt, was der Beschleunigung des Verkehrs dienen soll. Einige Strecken wurden aber auch stillgelegt und durch Busverkehr ersetzt. Insgesamt hat sich die Qualität erhöht, wozu auch die sauberen Wartehäuschen der französischen Firma Decaux gehören, die schon im Frühjahr 1990 das damals noch graue Stadtbild erhellten.

Eisenbahn – Airport – Nordschiene – Südraum

Im BAHNVERKEHR fallen die Veränderungen nicht so ins Auge. Immerhin verkehren seit 1991 IC-Züge im Zweistundentakt nach Frankfurt/Main, München, Berlin und Dresden. Und natürlich gibt es keine Grenzkontrollen mehr mit stundenlangem Aufenthalt! Aber noch ist Leipzig nicht an das Hochgeschwindigkeitsnetz der DB (ICE) angeschlossen. Der Bau der neuen Strecke nach Erfurt-Nürnberg wurde vorerst unterbrochen. Das ist deshalb besonders ärgerlich, weil über diese Linie der Flughafen an den ICE-Verkehr angeschlossen werden sollte! Es ist zu hoffen, dass dieses für die Region Leipzig besonders wichtige Projekt bald weitergeht!
Die Neubaustrecke Halle – Gröbers – Flughafen – Messe – Hauptbahnhof wird aber weiter gebaut, so dass man bald mit der Bahn den Flughafen erreichen kann. Mit der Fertigstellung der längeren Start- und Landebahn nördlich der Autobahn sind wesentliche Voraussetzungen geschaffen, dass Leipzig-Halle auch in das Langstreckennetz eingebunden wird. Schon heute zeigt sich der Flughafen mit seinen neuen Empfangsgebäuden viel großzügiger als 1990, als alles noch sehr nach einem Feldflugplatz aussah!

Flughafen Leipzig-Halle: Bündelung der Verkehrswege: Am Schkeuditzer Kreuz der Autobahnen Nürnberg – Berlin (A 9) und Dresden – Halle (A 14) entstand nördlich der A 14 die neue, 3,5 Kilometer lange Start- und Landebahn (im Bild hinten links), die mit der alten kurzen durch zwei Brücken verbunden ist. Die Abfertigungs- und Ankunftsgebäude (rechts) werden durch ein neues Brückenbauwerk mit 2 700 Parkplätzen ergänzt (Mitte), das mit dem Bahnhof an der im Bau befindlichen ICE-Strecke, die im Bild parallel zur A 14 verläuft, verbunden ist.

Über dem Fernverkehr sei die S-BAHN nicht vergessen. Sie spielt bisher in und um Leipzig eher eine untergeordnete Rolle. Das soll sich ändern mit der neuen Linie nach Halle, vor allem aber durch den City-Tunnel, der zwar immer noch kontrovers diskutiert wird, aber die Voraussetzung für ein wirklich leistungsfähiges und attraktives S-Bahn-System in der Region ist!

Bayerischer Bahnhof (Portikus), der älteste noch bestehende deutsche Kopfbahnhof, erbaut 1840; Zustand 1990 bei Beginn der Restaurierung durch die Bayerischen Eisenbahnfreunde. Die eigentlichen Bahnhofsgebäude sind in schlechtem Bauzustand und seit 1993 stillgelegt.

Portikus (1999). Die Bahnhofsgebäude wurden 2000 restauriert und werden seitdem gastronomisch genutzt. Heute fahren nur noch Regionalzüge nach Borna. Nach dem Bau des City-Tunnels erhält der Bayerische Bahnhof eine neue Funktion im S-Bahn-Netz und Regionalverkehr.

Bisher hat sich die Entwicklung der Wirtschaft hauptsächlich auf der »Nordschiene« des Leipziger Raumes abgespielt. Von der Neuen Messe im Osten mit ihrer charakteristischen Glashalle und dem Quelle-Versandhaus bis zum Flughafen, vorbei am Güterverkehrszentrum mit seiner hervorragenden Verkehrslage, wo sich nun Porsche mit einer Produktionsstätte ansiedelt. Hier sind in Zukunft noch weitere wichtige Impulse zu erwarten!

Auch für den »Südraum« wird eine große Zukunft vorausgesagt, wenn auch in anderer Richtung: nämlich als großräumiges Landschafts- und Erholungsgebiet im ehemaligen Braunkohlerevier. Auch hier hat sich in den letzten zehn Jahren sehr viel verändert – bis 1992 wurde in Cospuden im südlichen Auwald noch Kohle abgebaut – 2000 ist im ehemaligen Tagebau der Cospudener See im Rahmen der EXPO2000 als neu gestaltete Erholungslandschaft der Bevölkerung übergeben worden.

Braunkohletagebau Cospuden vor der Stilllegung 1992. Das Loch war bis zu 60 Meter tief.

Im Laufe der nächsten Jahre wird aus der urwüchsigen Mondlandschaft der Tagebaue eine weiträumige Seenplatte, die der bisher eher langweiligen Leipziger Umgebung neue Qualitäten vermitteln wird. Aber der Südraum hat auch eine andere Seite, die Chemie in Böhlen als Kern eines alten und wieder neu entstehenden Industriereviers. Mit der geplanten Autobahn-Südtangente erhofft man sich Verkehrsentlastung für Leipzig und Entwicklungsimpulse für den Südraum.

Cospudener See, Zustand 1997: 4,2 Quadratkilometer Wasserfläche; im Hintergrund der Auwald mit der Skyline von Leipzig

Fördermöglichkeiten und Hemmnisse für das Bauen in den neuen Bundesländern

Mit der Wiedervereinigung am 3. Oktober 1990 wurde ein umfangreiches Programm an Fördermöglichkeiten für Investitionen in den neuen Bundesländern aufgelegt. Das Ziel hieß »Aufschwung Ost«: Ankurbelung von Wirtschaftsaktivitäten in der ehemaligen DDR, baldige Verbesserung der Infrastruktur und Beendigung des baulichen Verfalls, wie er sich überall zeigte. Alles zusammen sollte das Baugeschehen auf privatwirtschaftlicher Basis schnell in Gang setzen.

Als vielleicht wirksamstes Instrument erwies sich die Möglichkeit, bauliche Investitionen in den neuen Bundesländern im ersten Jahr um 50 Prozent steuerlich abschreiben zu können (die so genannte Sonder-AfA), was vor allem von Personen und Firmen mit hohem Einkommen bzw. Erträgen und hoher Steuerlast in großem Umfang genutzt wurde. Diese Möglichkeit stand jedermann offen, egal was und wo er baute, es musste nur in einem der neuen Bundesländer sein. Diese erhöhten Abschreibungsmöglichkeiten galten ursprünglich von 1990 bis 1998. Derzeit gilt das Investitionszulagengesetz in der Fassung von 1999, das von einer zehnjährigen steuerlichen Vergünstigung ausgeht.

Durch das Programm »Gemeinschaftsaufgabe Verbesserung der regionalen Wirtschaftsstruktur« (abgekürzt GA) wurden Investitionen in gewerbliche Ansiedlungen und Erschließungen finanziell unterstützt. Die Investitionsförderung hat im gewerblichen Bereich vielen kleinen und mittleren Betrieben (insbesondere im Handwerk, das ja erst wieder aufgebaut werden musste) genützt. Sie hat aber auch zu Großinvestitionen geführt. Beispiele hierfür sind die Ansiedelung des Versandhauses Quelle in Leipzig-Mockau auf dem ehemaligen Flugplatz; die Restrukturierung des Chemiewerks Böhlen (im Verbund mit Buna und Leuna in Sachsen-Anhalt) oder der Neubau des Großkraftwerks Lippendorf, das noch 40 Jahre lang Braunkohle aus dem Südraum verfeuern und damit einen Teil der Braunkohle-Arbeitskräfte binden soll.

Daneben gab und gibt es eine größere Zahl von Fördermöglichkeiten aus verschiedenen Programmen der städtebaulichen Erneuerung. Grundlage für eine Förderung sind die jeweils gültigen Verwaltungsvorschriften im Freistaat Sachsen mit ihren Abschnitten:

- Sanierungsmaßnahmen nach Baugesetzbuch;
- Entwicklungsmaßnahmen nach Baugesetzbuch;
- Maßnahmen des »Städtebaulichen Denkmalschutzes«;
- Maßnahmen der städtebaulichen Weiterentwicklung großer Neubaugebiete.

Die Stadt Leipzig hat mit 13 Sanierungsgebieten, einer Entwicklungsmaßnahme (ehemalige Kaserne Schönau), mit zwei Maßnahmen des »Städtebaulichen Denkmalschutzes« (Innenstadt und Waldstraßengebiet) und einer Maßnahme zur Weiterentwicklung großer Neubaugebiete (Grünau) Aufnahme in die Förderprogramme gefunden.

In den 13 Sanierungsgebieten, die vom Stadtrat schon 1990 in ihren Grenzen festgelegt worden waren, wurden Finanzhilfen des Bundes, des Freistaates und der Stadt in Höhe von 420 Millionen DM in Anspruch genommen. Damit war Leipzig vor Dresden und Chemnitz der größte Fördermittelempfänger in Sachsen. Leipzig hat mit 13 Sanierungsgebieten auch die größte Zahl aller deutschen Städte.

Zur Sicherung und Erhaltung historischer Stadtkerne haben Bund und Freistaat Sachsen das Programm »Städtebaulicher Denkmalschutz« aufgelegt. Auch hierfür mussten die Geltungsbereiche festgelegt werden: die Innenstadt und das Waldstraßenviertel. Für sie wurde auch eine Erhaltungssatzung nach Baugesetzbuch erlassen. Von 1991 bis 1998 sind aus diesem Programm insgesamt 85,6 Millionen DM eingesetzt worden. Außer manchen kleineren Objekten wurden hieraus auch die Instandsetzung der Thomaskirche und des Neuen Rathauses gefördert.

Zusätzlich zu den Vorhaben, die aus Mitteln des »Städtebaulichen Denkmalschutzes« gefördert wurden, hat der Freistaat auch die denkmalgerechte Restaurierung vieler einzelner Baudenkmäler finanziell unterstützt, wenn auch mit vergleichsweise bescheidenen Beträgen. Immerhin sind von 1990 bis 1999 insgesamt 81 Millionen DM aus dem Landesdenkmalfonds nach Leipzig geflossen. Das sind 47 Prozent aller Mittel für den Regierungsbezirk, und es wurden damit ca. 900 Baudenkmäler gefördert.

Als Ergänzung der Städtebauförderprogramme, bei denen Bund, Land und Stadt je ein Drittel des Förderbetrages aufbringen müssen, wird der Wohnungsbau finanziell unterstützt. Von 1991 bis 1996 wurde die Modernisierung und Instandsetzung von Wohngebäuden in Sanierungsgebieten gefördert. Später wurde der Schwerpunkt auf die Verbesserung des Wohnumfeldes gelegt; damit sollten weitere Investitionen der Hauseigentümer initiiert werden.

Die Mietwohnungsprogramme unterstützten den Neubau, die Wiedergewinnung von unbewohnbarem Wohnraum sowie die Modernisierung und Instandsetzung von Wohngebäuden mit zinsverbilligten Darlehen. Die Förderung betrug in Leipzig von 1991 bis 1998 in all diesen Programmen der Wohnungsbauförderung etwa 2,5 Milliarden DM.

Alle diese Programme führten ab 1990 direkt oder indirekt zu einem ungeahnten baulichen Aufschwung in den neuen Ländern, der sich vor allem auf die wirtschaftlich attraktiven Standorte konzentrierte. Das waren vor allem die Großstädte, die wie Leipzig einen wahren Bauboom erlebten.

Unklare Eigentumsverhältnisse als Investitionshemmnis

Dieser Boom hatte aber auch seine Hemmnisse. Das waren weniger baurechtliche Probleme, also etwa fehlende Bebauungspläne. Viele Bauherren lobten vielmehr häufig die kurze Zeit, in der in Leipzig eine Baugenehmigung zu bekommen war – im Vergleich mit den in Westdeutschland üblichen Bearbeitungszeiten. Probleme bereiteten dagegen häufig die ungeklärten Eigentumsverhältnisse, eine Folge der Reprivatisierung von Grundstücken, die in der DDR verstaatlicht (in »Volkseigentum« überführt) worden waren.

Nach dem Vermögensgesetz von 1990, das bereits im Einigungsvertrag verankert war, sollten solche Grundstücke nach dem Grundsatz »Rückgabe vor Entschädigung« an ihre früheren Eigentümer zurückgegeben werden. Dort wird geregelt, unter welchen Bedingungen ein reales Anwesen (Grundstück oder Gebäude) zurückerstattet werden muss, aber auch, wie zu entscheiden ist, wenn diese Voraussetzungen nicht vorliegen.

Wenn das betreffende Grundstück z. B. durch eine Straße benutzt oder teilweise von einem Wohnblock überbaut worden ist und deshalb eine reale Rückgabe nicht möglich ist, ist eine Entschädigung zu bezahlen. Das Grundstück verbleibt in solchen Fällen beim Bund, beim Land oder bei der Kommune. Für die Klärung solcher Eigentumsfragen wurden bei den Ländern, den Landkreisen und kreisfreien Städten »Ämter zur Regelung offener Vermögensfragen« eingerichtet. Bei diesen »ARoV« musste man Anträge stellen mit umfangreichen Nachweisen über das frühere Eigentum und die Umstände der Enteignung. Man kann sich vorstellen, dass die Ausfüllung der Anträge und die Zusammenstellung der Unterlagen nicht einfach, dafür aber zeitaufwendig war, und dass das Gleiche auch für die Prüfung und Entscheidung gilt. Deshalb dauerte es meist ziemlich lange, bevor eine Entscheidung gefällt wurde. Denn in vielen Fällen waren die früheren Eigentumsverhältnisse kompliziert und nicht einfach aufzuklären: Oft lag die Enteignung viele Jahre zurück oder es handelte sich um ehemals jüdischen Besitz, der schon unter Hitler dem Eigentümer unrechtmäßig entzogen worden war.

Rossstraße: Noch bleibt viel zu tun!

Um das Investitionsgeschehen nicht zu sehr zu behindern, wurde zur gleichen Zeit wie das Vermögensgesetz das damalige Bundesinvestitionsgesetz (heute Investitionsvorranggesetz InVorG) in den Einigungsvertrag aufgenommen. Das ermöglichte, die Verfügungssperre nach dem Vermögensgesetz zu lösen und Grundstücke vor der Entscheidung des ARoV für Investitionen zu mobilisieren. Danach kann über ein Grundstück zum Zwecke der baulichen Investition verfügt werden, wenn der Investor ein konkretes Konzept mit Bankzusage und Zeitplan vorlegt. Diejenigen, die nach dem Vermögensgesetz einen Rückgabeanspruch angemeldet haben, werden zu diesem Konzept angehört. Wenn sie dem Verkauf an den Investor nicht zustimmen, müssen sie innerhalb einer bestimmten Frist anhand eines eigenen Konzeptes nachweisen, dass sie selbst investieren wollen und können. Ansonsten erhalten sie nach Feststellung ihrer Berechtigung eine Entschädigung zum Verkehrswert.

Die Stadt Leipzig hat frühzeitig reagiert und schon 1991 das Referat für besondere Investitionen gebildet, das diese Verfahren durchführte. Es hat in den Jahren 1991 bis 1999 etwa 3 500 Fälle bearbeitet, auf etwa 2 300 Anwesen wurden Investitionen ermöglicht, darunter auf 100 durch den Anspruchsteller auf Rückgabe. Etwa 1 000 Bauvorhaben mit einem Umfang von 5 Milliarden DM sind auf diesem Wege realisiert worden. Auch wenn durch die konsequente und zügige Anwendung des Investitionsvorranggesetzes in Leipzig Hemmnisse abgefedert werden konnten, erwies sich der Grundsatz »Rückgabe vor Entschädigung« als großes Hindernis beim schnellen Wiederaufbau bzw. bei der Instandsetzung der heruntergekommenen Altbauten.

Staatliche Investitionen in Infrastruktur, Bildung, Kultur und Gesundheitswesen

Bisher habe ich nur die Instrumente aufgeführt, durch die Bund und Länder Bauprojekte und Investitionen in die Wirtschaft auf privatrechtlicher Basis gefördert haben. Daneben haben Bund und Länder aber auch in ihre eigenen Aufgabenbereiche investiert, und zwar in erheblichem Umfang. Hier können keine Summen genannt und soll auch kein umfassender Rechenschaftsbericht gegeben werden. Es sei nur daran erinnert, dass der Bund z. B. in den Straßen- und Eisenbahnbau nicht nur unter dem Titel »Verkehrsprojekte Deutsche Einheit« viel Geld gesteckt hat, sondern fast alle Bundesstraßen und die meisten Autobahnen sowie (über die DB AG) viele Bahnstrecken erneuert und ausgebaut hat und damit viele Schäden, Schlaglöcher, Engstellen und Langsamfahrstrecken aus DDR-Zeiten beseitigt hat.

Die Länder haben in ihrem Aufgabenbereich Universitäten und Hochschulen auf- und ausgebaut, aber auch (meist in Kooperation mit den Städten und Landkreisen, zunehmend auch mit freien Trägern) Krankenhäuser, Theater, Museen und andere kulturelle und soziale Einrichtungen erneuert, erweitert oder umstrukturiert. Zum Bau von Schulen, Kindergärten, Alteneinrichtungen, Kläranlagen und vielem mehr haben die Länder ihre Zuschüsse gegeben, der Bund hat u. a. wissenschaftliche Forschungseinrichtungen und den Krankenhaus- und Hochschulbau umfangreich unterstützt.

Jedenfalls kann man feststellen, dass der äußerlich sichtbare Wandel überall im Land, der in Leipzig deutlich zu sehen ist, nicht zuletzt durch die Finanzhilfen der öffentlichen Hand auf allen Ebenen direkt und indirekt angeregt, unterstützt und teilweise selbst verursacht wurde.

Zu guter Letzt

kann man wohl feststellen, daß trotz mancher Hindernisse und Probleme, aber auch mit politischer Unterstützung und finanzieller Hilfe, vor allem aber mit dem Wollen und Wirken vieler Menschen aus Ost und West eine unglaubliche Leistung in diesen zehn kurzen Jahren vollbracht wurde, die das Bild der Stadt Leipzig gründlich verändert hat.
Das alles wäre nicht möglich geworden, wenn 1989 nicht die vielen Menschen – vor allem in Leipzig – mutig auf die Straße gegangen wären und mit ihrer gewaltlosen Entschlossenheit das ungeliebte Regime zu Fall gebracht und dadurch den Wandel eingeleitet hätten.
Dennoch darf nicht übersehen werden, dass noch vieles zu tun ist, dass noch nicht alle Mängel behoben, alle Schäden beseitigt, alle Altlasten bereinigt sind! Und man sollte wissen, dass die neuen Bundesländer und die Städte und Gemeinden in Mittel- und Ostdeutschland noch längst nicht die sich selbst tragende Wirtschaftsstruktur besitzen, die sie finanziell unabhängig macht. Sie brauchen deshalb noch auf eine längere Zeit Unterstützung aus dem »Westen«, damit sie den Anschluss an den bundesdeutschen Durchschnitt erreichen und nicht dauerhaft Almosenempfänger bleiben! Ob es in weiteren zehn Jahren geschafft sein wird? Ob bis dahin auch die innere Einheit in den Herzen der Bundesbürger Ost und West hergestellt sein wird? Das ist zu hoffen – aber zehn Jahre sind lang, und auch wieder kurz, wie dieser Rückblick gezeigt hat!

Elstermühlgraben, parallel zur Käthe-Kollwitz-Straße

Zu den Autoren:

Prof. Dr. rer. nat. Klaus Eberhard

geboren 1940 am Niederrhein, Studium der Physik 1960 bis 1965 an der Universität Heidelberg, Promotion 1968 am Max-Planck-Institut für Kernphysik Heidelberg. Als Research Associate im Nuclear Physics Laboratory der Florida State University in Tallahassee, USA, 1968 bis 1970, und Gastprofessor an der University of Washington in Seattle, USA, 1975 bis 1976. Wissenschaftlicher Assistent an der Ludwig-Maximilian-Universität München und Forschungsarbeiten im Beschleunigerlaboratorium in Garching 1970, Habilitation 1972, apl. Professor 1976. Seit 1990 auch in Leipzig tätig, Eröffnung des GALERIE HOTEL LEIPZIGER HOF 1992 und Aufbau der »Kunstsammlung Leipziger Hof«, Eröffnung der Galerie 1995. Gründer und Vorsitzender des »Münchner Kreises«. Etwa 100 wissenschaftliche Veröffentlichungen.

Ines Gillner

geboren 1954, Studium Bauingenieurwesen 1972 bis 1976; nach dem Diplom zehn Jahre Projektingenieur beim Wohnungsbaukombinat Leipzig, seit 1986 beim VEB Gebäudewirtschaft Leipzig Süd; ab 1991 Niederlassungsleiterin der Niederlassung Süd in der LWB; seit 1993 im technischen Bereich der LWB als Fachabteilungsleiterin tätig; 1997 Prokura.

Dipl-Ing. Niels Gormsen

geboren 1927, Studium der Architektur 1951 bis 1958 an der TH Stuttgart und an der KTH Stockholm, Leiter des Stadtplanungsamtes Bietigheim 1962 bis 1972, Baubürgermeister der Stadt Mannheim 1973 bis 1988, Beigeordneter für Planung und Bau der Stadt Leipzig 1990 bis 1995, Südraumbeauftragter der Stadt Leipzig; Mitglied der Deutschen Akademie für Städtebau und Landesplanung (Landesgruppenvorsitzender), Fritz-Schumacher-Preis 1993; zahlreiche Veröffentlichungen.

Silke Heit

geboren 1963 in Wittenberge; 1981 bis 1985 Studium für Geschichte und Deutsch an der Universität Leipzig mit Abschluss als Diplom-Pädagogin. 1990 Anmeldung eines Gewerbes zur Führung eines Hotels; seit Juli 1992 Inhaberin und Geschäftsführerin des Hotel Adagio Leipzig; 1998 bis 2000 Weiterbildung an der Akademie »Quo Vadis« in Betriebswirtschaft und Marketing; Mai 1993 Eröffnung der Galerie im Hotel Adagio und Oktober 1994 Eröffnung des Gewölberestaurants.

Peter Lang

Geschäftsführender Gesellschafter der LANG Projektentwicklung GmbH. Das Unternehmen ist seit 1992 in Leipzig ansässig. Kerngeschäft der LANG Projektentwicklung GmbH ist die Entwicklung hochwertiger Immobilien, insbesondere innerstädtischer Einzelhandelsobjekte in 1-A-Lage. Mit allein drei attraktiven Projekten in Leipzigs Hainstraße war das Unternehmen maßgeblich an der Renaissance der alten Geschäftsstraße beteiligt. Im Zeitraum von 1992 bis jetzt wurden für 210 Millionen DM Geschäfts- und Wohnhäuser in erstklassigen City-Lagen errichtet. Dazu gehören zwei Wohnanlagen mit 142 Wohnungen und die Sanierung wertvoller Altbausubstanz in bevorzugten Lagen von Leipzig.

Jens Müller

geboren 1947 in Leipzig, Studium der Kultur- und Kunstwissenschaft an der Universität seiner Geburtsstadt; seit 1975 bei der Stadt Leipzig angestellt; dort zunächst im Büro des Chefarchitekten, später als Denkmalpfleger tätig, von 1990 bis 1998 als Stadtkonservator. Mehrere Zeitschriften- und Buchveröffentlichungen.

Dipl.-Ing. Heike Scheller

geboren 1958, Architekturstudium an der HAB Weimar 1978 bis 1984. Forschungsstudium 1984 bis 1988. Seit 1988 tätig im Büro des Chefarchitekten – ab 1990 Stadtplanungsamt – der Stadt Leipzig. Sachgebietsleiterin Stadtzentrum.

Zum Fotografen:

Armin Kühne

1940 in Leipzig geboren, Lehre als Stahlbauschlosser im VEB Stahlbau und Verzinkerei Leipzig mit anschließender zweijähriger Tätigkeit. 1962 bis 1965 Studium an der Ingenieurschule für Maschinenbau, 1965 bis 1967 Technologe im VEB Montan Leipzig. Erste Anfänge auf dem Gebiet der Schwarz/Weiß-Fotografie. 1967 bis 1978 Arbeit im Wirtschaftsrat des Bezirkes Leipzig auf dem Gebiet der Rationalisierung bzw. Forschung und Entwicklung. Bis Mai 1979 Arbeit im VEB Famos Leipzig als Direktor Forschung und Entwicklung. Ausscheiden auf eigenen Wunsch und Wechsel in die freiberufliche Fotografie; überwiegend für das »Sächsische Tageblatt«, »Mitteldeutsche Neueste Nachrichten«, »Die Union« sowie »Leipziger Volkszeitung« fotografisch tätig. 1979 Zulassung durch den Rat des Bezirkes Leipzig als freiberuflicher Fotograf, seither als Fotoreporter für die Leipziger Tageszeitungen und andere Presseorgane (Handwerkskammer, Betriebszeitungen, Eulenspiegel usw.) wirksam.